**Corpo,
atividades criadoras
e letramento**

Dados Internacionais de Catalogação na Publicação (CIP)
(Câmara Brasileira do Livro, SP, Brasil)

Costa, Marina Teixeira Mendes de Souza
  Corpo, atividades criadoras e letramento / Marina Teixeira Mendes de Souza Costa, Daniele Nunes Henrique Silva, Flavia Faissal de Souza. — São Paulo : Summus, 2013. — (Coleção imaginar e criar na educação infantil)

  Bibliografia.
  ISBN: 978-85-323-0885-6

  1. Atividades 2. Crianças – Desenvolvimento 3. Criatividade na criança 4. Educação infantil 5. Prática de ensino 6. Professores – Formação profissional I. Silva, Daniele Nunes Henrique. II. Souza, Flavia Faissal de. III. Título. IV. Série.

12-15364   CDD-370.71

Índice para catálogo sistemático:

1. Educação infantil : Professores : Formação : Educação   370.71

www.summus.com.br

Compre em lugar de fotocopiar.
Cada real que você dá por um livro recompensa seus autores
e os convida a produzir mais sobre o tema;
incentiva seus editores a encomendar, traduzir e publicar
outras obras sobre o assunto;
e paga aos livreiros por estocar e levar até você livros
para a sua informação e o seu entretenimento.
Cada real que você dá pela fotocópia não autorizada de um livro
financia um crime
e ajuda a matar a produção intelectual em todo o mundo.

Marina Teixeira Mendes de Souza Costa
Daniele Nunes Henrique Silva
Flavia Faissal de Souza

Corpo, atividades criadoras e letramento

CORPO, ATIVIDADES CRIADORAS E LETRAMENTO
Copyright © 2013 by Marina Teixeira Mendes de Souza Costa,
Daniele Nunes Henrique Silva e Flavia Faissal de Souza
Direitos desta edição reservados por Summus Editorial

Editora executiva: **Soraia Bini Cury**
Editora assistente: **Salete Del Guerra**
Capa: **Gabrielly Silva**
Projeto gráfico e diagramação: **Acqua Estúdio Gráfico**
Impressão: **Sumago Gráfica Editorial**

Summus Editorial
Departamento editorial
Rua Itapicuru, 613 – 7º andar
05006-000 – São Paulo – SP
Fone: (11) 3872-3322
Fax: (11) 3872-7476
http://www.summus.com.br
e-mail: summus@summus.com.br

Atendimento ao consumidor
Summus Editorial
Fone: (11) 3865-9890

Vendas por atacado
Fone: (11) 3873-8638
Fax: (11) 3873-7085
e-mail: vendas@summus.com.br

Impresso no Brasil

*Este livro é dedicado à vida
e(m) obra do professor e artista plástico
Orlando Luiz de Souza Fragoso Costa.*

Agradecimentos

As autoras gostariam de agradecer especialmente:

Sônia Teixeira Mendes de Souza Costa, pelo apoio incondicional e pela confiança;

a professora da turma em que foi realizada a pesquisa de campo, pela generosidade de abrir as portas de sua sala de aula;

as crianças da turma investigada, pela participação tão significativa na pesquisa desenvolvida;

o colaborador do presente livro e parceiro de trabalho Fabrício Santos Dias de Abreu, pelas inúmeras contribuições e pelo apoio.

Sumário

Apresentação da coleção 9

Prefácio 11

1. A escrita na perspectiva histórico-cultural 13
   Introdução 13
   Considerações teóricas sobre processo de simbolização
   no desenvolvimento infantil 13
   A relação entre desenho e escrita 18
   A escrita e seus desdobramentos educacionais nas práticas
   de letramento e alfabetização 22
   Relembrando 28
   Sugestão de atividades 29

2. O corpo e a cultura 31
   Introdução... 31
   O corpo e seu estatuto semiótico 40
   O corpo e o movimento: focalizando a pessoa completa –
   contribuições de Henri Wallon 43
   Os estudos sobre o corpo na escola: reflexões sobre a ênfase
   psicomotricista na aquisição da linguagem escrita 48

Relembrando 50
   Sugestão de atividades 51

3. **Corpo e processos de letramento: focalizando as atividades criadoras (o faz de conta e a narrativa)** 55
   Introdução 55
   A mediação do corpo nas experiências *não gráficas* de letramento na interação criança-criança e adulto-criança 56
   Relembrando 71
   Sugestão de atividades 71

4. **Corpo e processos de letramento: focalizando as atividades criadoras (o desenho e a escrita)** 73
   Introdução 73
   A mediação do corpo nas experiências *gráficas* de letramento na interação criança-criança e adulto-criança 74
   Relembrando 85
   Sugestão de atividades 86

5. **Reflexões das crianças sobre a temática do corpo** 87
   Introdução 87
   Opiniões das crianças sobre o modo como sentem e pensam suas experiências com o corpo na escola 88
   Relembrando 95
   Sugestão de atividades 96

6. **Considerações finais** 97

Referências bibliográficas 101

Apresentação da coleção

A coleção "Imaginar e criar na educação infantil" tem como principal objetivo ampliar a discussão sobre as atividades criadoras infantis e seus desdobramentos educacionais. Partindo, centralmente, da contribuição teórica da perspectiva histórico-cultural (Lev Seminovich Vigotski e colaboradores), os textos que compõem a coleção buscam preencher uma lacuna nas publicações voltadas para a formação docente em educação infantil, no que tange à problemática que envolve os processos de imaginação da criança pequena.

Aqui, a brincadeira de faz de conta, a narrativa e o desenho, entre outros, são dimensões que caracterizam e qualificam a produção cultural da criança pequena e, por isso, merecem dos educadores um olhar privilegiado e atenção especial.

Não se trata de um manual, nem mesmo de um compêndio teórico. Pretendemos, de fato, compor um tipo de leitura que aproxime o leitor dos temas complexos implicados no desenvolvimento da criança, chamando a atenção para suas esferas criativas de expressão e representação do/no mundo.

Tentamos criar uma ponte entre as pesquisas mais atuais produzidas pela educação, pela psicologia e por áreas afins (em diferentes universidades brasileiras) – organizadas em forma de teses e dissertações – e as rodas da sala de aula. Para obter êxito nesse translado, que não é muito simples, decidimos montar uma edição que pudesse ser bem amiga do leitor-professor; um texto com pistas para garantir maior proximidade com o conteúdo teórico exposto nos livros articulado à realidade da escola e aos problemas lá enfrentados.

Sem perder a profundidade acadêmica necessária à abordagem dos temas selecionados, mas ganhando uma dinamicidade na leitura, pensamos em uma edição com boxes explicativos, episódios de sala de aula e sugestão de atividades (estas últimas estruturadas por professores da educação infantil espalhados pelo Brasil).

O nosso foco é você, educador, que está do outro lado vendo tudo acontecer, sentindo (na pele) todas as transformações brotadas da/na sala de aula, desejoso de diálogo.

Daniele Nunes Henrique Silva
Instituto de Psicologia da Universidade de Brasília (UnB)

Prefácio

É com prazer que escrevo as linhas introdutórias de uma leitura leve – já que trata do brincar, do desenho, da escrita e da imaginação no espaço lúdico da educação infantil – e, ao mesmo tempo, densa, – uma vez que assume a importância das reflexões sobre o fazer de professores nessa mesma educação infantil e sobre sua responsabilidade de bem explorar as complexas relações entre corpo, sujeito e cultura, o que pode colaborar para as construções teóricas e práticas nessa área.

Fundamentado na perspectiva histórico-cultural, este livro pretende ampliar a discussão estética e cognoscitiva sobre o papel do corpo nas práticas de letramento, tomando como ponto de partida as atividades criadoras na infância. Para isso, as autoras construíram um modo particular de organizar tais atividades, considerando o faz de conta e a narrativa *atividades não gráficas* e o desenho e as primeiras elaborações escritas *atividades gráficas*. Essa forma inovadora de apresentar as atividades da infância permite ao leitor redefinir seu "posto de observação", ampliando as possibilidades de compreensão das produções infantis no espaço escolar.

Mas o que merece maior destaque é o fato de todo o estudo, oriundo da dissertação de mestrado defendida por Marina Teixeira Mendes de Souza Costa, ter sido desenvolvido por uma professora-pesquisadora[1].

---

1. Costa, M. T. M. S. O papel do corpo nas atividades práticas de letramento: um estudo sobre as atividades criadoras na infância. Dissertação de mestrado defendida no Programa de Pós-Graduação em Processos de Desenvolvimento Humano e Saúde (PG-PDS), Departamento de Psicologia Escolar e Desenvolvimento, Instituto de Psicologia, Universidade de Brasília, 2012.

Partindo de sua prática, ela refletiu sobre o próprio fazer, buscando explicações nos referenciais teóricos para melhor compreender a realidade vivenciada.

É no espaço do ensino público infantil que a autora-professora redobra sua atenção para o fazer de seus alunos de 4-5 anos e recorta da prática situações que envolveram experiências de letramento articuladas aos processos criativos das crianças, com atenção especial à participação do corpo. Essa ação da professora, ao mesmo tempo de intervenção e de pesquisa, inicialmente criou condições para que ela – no diálogo com outros pesquisadores mais experientes (coautores) – consolidasse um conjunto de vivências e reflexões organizadas que pode ser agora compartilhado com todos aqueles que se interessam pelos complexos processos de simbolização presentes no espaço da educação infantil.

A exposição de situações do cotidiano de sala de aula aproxima as autoras dos leitores mais acostumados com o dia a dia da educação infantil. Muitas vezes, situações que parecem corriqueiras e sem maior importância são emblemáticas para nos ajudar a compreender composições imaginativas, aspectos das atividades simbólicas ou do uso do corpo pelas crianças. No conjunto das situações expostas, o livro ilustra diferentes modos de emergência do letramento, indicando que a simbolização envolvida na escrita está presente nas atividades criadoras muito antes de as crianças desse nível de ensino iniciarem a alfabetização.

Assim, elas nos convidam a olhar com mais cuidado para a centralidade que o corpo assume nos processos de leitura e escritura no espaço da educação infantil: o corpo narra, cria, brinca, desenha e escreve!

Cristina Broglia Feitosa de Lacerda
Docente do curso de licenciatura em Educação Especial
e do Programa de Pós-Graduação em Educação Especial
da Universidade Federal de São Carlos (Ufscar)

A escrita na perspectiva histórico-cultural

Introdução

A discussão promovida no presente livro tem como aporte teórico os fundamentos conceituais da perspectiva histórico-cultural sobre a aquisição da linguagem escrita pela criança. Focalizaremos, neste capítulo, os estudos que L. S. Vigotski e seus colaboradores realizaram na antiga União Soviética entre os anos 20 e 30 do século passado.

Esse grupo de pesquisadores parte do pressuposto de que a escrita, por envolver um complexo processo simbólico, é fundamental para compreensão do funcionamento psicológico da criança.

Para eles, o gesto, em sua relação com o faz de conta e com o desenho, é a esfera central para entendermos todos os aspectos implicados no processo de simbolização da criança pequena. E tais aspectos têm vínculo direto com a escrita e as dinâmicas educacionais.

Considerações teóricas sobre o processo de simbolização no desenvolvimento infantil

Sob a perspectiva histórico-cultural, a escrita ocupa lugar de

> **Este capítulo propõe:**
> - Apresentar os processos de apropriação da escrita na perspectiva-cultural.
> - Abordar a estreita relação entre gesto, faz de conta e desenho na aquisição da linguagem escrita, focalizando particularmente a participação do corpo.
> - Refletir sobre o papel da escrita e seus desdobramentos educacionais nas práticas de letramento e alfabetização.

destaque nos estudos realizados por L. S. Vigotski e seus colaboradores. Também uma invenção humana, tanto quanto os outros signos, a linguagem escrita revela a especificidade do funcionamento psicológico do homem, em que os fatores culturais assumem destaque (Vigotski, 2008).

Vigotski esclarece que a aquisição da escrita relaciona-se com todo o processo de construção do simbolismo na criança, apontando o uso do gesto, do faz de conta e do desenho como elementos essenciais para compreender tal funcionamento. O gesto, nessa perspectiva, se caracteriza como signo visual no qual se origina a futura escrita. Para o autor (2008, p. 128), "os gestos são a escrita no ar, e os signos escritos são, frequentemente, simples gestos que foram fixados".

Para fundamentar sua explicação, Vigotski cita o estudo de Wurth sobre a relação entre o gesto e a escrita pictórica, em que se evidenciou que os gestos figurativos, geralmente, indicam a cópia de um signo gráfico e os signos, muitas vezes, são a fixação de gestos. Ou seja, todas as designações simbólicas na pictografia se originam da linguagem gestual, ainda que, logo depois, passem a funcionar de forma separada e independente.

O autor aponta dois momentos em que os gestos estão intimamente relacionados com a origem da escrita. Um deles interliga-se especificamente ao faz de conta e o outro, aos desenhos realizados pela criança. Para esse autor, tanto no faz de conta como no desenho "o gesto [...] constitui a primeira representação do significado" (p. 133).

Faz de conta

A discussão sobre o faz de conta na construção dos processos da escrita baseia-se na importância que Vigotski atribuiu ao papel do brinquedo no desenvolvimento infantil. Ao brincar, a criança se envolve em um universo simbólico, e sua ação é organizada pelo uso de objetos, linguagem e gestualidade.

Vigotski aponta que na brincadeira determinados objetos adquirem outros significados, sustentados pela configuração gestual.

O autor ainda comenta que "não é importante o grau de similaridade entre a coisa com que se brinca e o objeto denotado. O mais importante é a utilização de alguns objetos como brinquedos e a possibilidade de executar, com eles, um *gesto representativo*" (Vigotski, 2008, p. 130).

Vigotski exemplifica que, no jogo infantil, uma trouxa de roupas pode tornar-se um bebê em decorrência dos gestos que a criança realiza na sua representação. Ou seja, a forma como a criança segura o monte de roupas, a maneira como movimenta os braços conferem ao objeto a função de signo. Isso se torna possível porque a mesma gestualidade que retrata o ato de pegar um bebê no colo aplica-se também à trouxa de roupas.

Essa mesma situação pode ser verificada na transformação da vassoura em cavalo de pau. Essa modificação ocorre porque o objeto (cabo de vassoura) permite que a criança empregue determinado gesto com as pernas que o designe como cavalo de pau.

> Desse ponto de vista, portanto, o brinquedo simbólico das crianças pode ser entendido como um sistema muito complexo de *fala* através de gestos que comunicam e indicam os significados dos objetos usados para brincar. É somente na base desses gestos indicativos que esses objetos adquirem, gradualmente, seu significado. (Vigotski, 2008, p. 130)

Já em um momento posterior do desenvolvimento do simbolismo da criança, os objetos não só representam aquilo que ela deseja, mas podem ser substituídos pela flexibilização de significados. Sem precisar mais do gesto para significar o objeto, um livro de capa escura pode se transformar em uma floresta porque a criança isola algumas das características do objeto (generaliza), significando-as pela linguagem.

Dessa maneira, certo objeto adquire uma função simbólica deslocada de sua representação objetiva, sem mais depender de seu suporte gestual. Isso implica dizer que o brinquedo passa a representar um simbolismo de segunda ordem.

Com base nesses pressupostos, podemos afirmar que é por meio do faz de conta que a criança vivencia diferentes situações e papéis, que vão além das suas ações cotidianas. O gesto, como suporte privilegiado da brincadeira, expressa como as crianças sentem o mundo e o que pensam a respeito dele. Ademais, toda a dramatização gestual (o corpo) e as palavras, organizadoras da brincadeira, revelam uma *escrita não gráfica* produzida pela criança, seus modos de expressão e representação do real, suas leituras sobre o entorno cultural.

> **Importante!**
> Nessa perspectiva teórica, a brincadeira não se caracteriza apenas como mera imitação da realidade. A criança, no faz de conta, combina e recombina elementos da realidade, criando situações novas e inusitadas na cena lúdica.
> Por meio da imaginação, em um processo ininterrupto de constituição e redimensionamento simbólico, ela explora de modos diversos o real. Ou seja, apoiada na experiência cotidiana, na incorporação de papéis sociais estabelecidos e prototipizados, a criança efetua leituras e escritas com seu corpo, revelando complexas modificações no funcionamento do seu plano simbólico.

Desenho

Em seus estudos sobre o desenho das crianças, Vigotski (2008) argumenta que inicialmente, no momento de desenhar, elas expressam por gestos (dramatização) aquilo que deveria estar demonstrado por meio do desenho. Assim, os traços se configuram apenas como uma base para a representação do gesto.

Discorrendo sobre a criança que desenha o ato de correr, o autor (2008, p. 128-29) afirma que ela "começa por demonstrar o movimento com os dedos, encarando os traços e pontos resultantes no papel como uma representação do correr". O mesmo acontece quando a criança desenha o ato de pular. Os gestos que ela realiza indicam que está representando o ato de pular; no entanto, o que se vê em seus registros são os mesmos traços e pontos feitos para o ato de correr. Desse modo, os primeiros desenhos da criança estão mais relacionados com os gestos por ela feitos do que propriamente com o desenho em si.

Ainda, em um primeiro momento de configuração da composição gráfica, a criança registra no papel apenas as qualidades gerais do que deseja desenhar. Isso significa dizer que no desenho de objetos complexos as crianças não fazem a representação de suas partes componentes, mas desenham o que de mais geral elas percebem do objeto. Por exemplo, ao querer desenhar uma lata em forma de cilindro, a criança registra no papel uma curva fechada (quase um círculo), remetendo à ideia do redondo. Essa ação relaciona-se, também, às resoluções motoras possíveis de ser executadas, que marcam a natureza e o estilo de seus rabiscos iniciais. Vigotski (2008) afirma que conceitos complexos ou abstratos em geral não são registrados, mas apontados no papel, tendo o lápis (apenas) como um suporte para fixar o gesto indicativo.

A ideia que sustenta as afirmações anteriores é a de que, no início, a criança realiza seus desenhos de memória. Assim, não faz diferença se o objeto está à sua frente, pois seu desenho será feito não pelo que ela vê, mas pelo que conhece daquilo que pretende registrar. Percebemos, então, que o desenho não representa como o objeto é na realidade, pois muitas vezes ele pode apresentar uma percepção completamente contrária à sua objetividade. O desenho é mais simbolista do que naturalista, informa Vigotski.

Entretanto, embora a criança reconheça o que está desenhado, ela ainda não o abstrai à sua função simbólica. Vigotski (2008), de acordo com outros estudos, argumenta que a criança se relaciona com o desenho como se fosse outro objeto, não reconhecendo que seu registro é uma representação deste.

O autor explicita que, aos poucos, o desenho se transforma em linguagem escrita, na medida em que a criança percebe que os traços que faz no papel significam algo (função representativa). Ela tende a passar da escrita pictórica para uma escrita ideográfica, em que relações e significados são expressos por meio de sinais simbólicos abstratos. Ou seja, aquilo que se fala é registrado graficamente pela criança – que, de forma criativa, *escreve* por meio do desenho o que pensa e fala.

A relação entre desenho e escrita

Luria (2010), ao pesquisar o processo de desenvolvimento da escrita, afirma a sua estreita relação com as práticas culturais. O autor explica que a escrita começa quando a criança se utiliza do registro (um traço, um ponto etc.) como recurso de memória. A *priori*, a escrita não revela o conceito em si, mas funciona como *signo auxiliar* da atividade. Ou seja, por meio do registro, a criança é capaz de rememorar o que escreveu.

> A. R. Luria (1902-1977), nascido em Cazã, leste de Moscou, estudou Ciências Sociais, Psicologia e Medicina, doutorando-se em Pedagogia (1937) e em Ciências Médicas (1943). Ele dedicou-se aos estudos do desenvolvimento humano nas neurociências.
> Suas pesquisas sobre o desenvolvimento da escrita partem do pressuposto de que a criança começa a escrever muito antes da primeira vez em que o professor coloca um lápis em sua mão e lhe mostra como formar letras. Há uma história da escrita tecida e incorporada pelos pequenos articulada às práticas culturais.

Ao iniciar seus experimentos, Luria estudou crianças em diferentes idades que ainda desconheciam o funcionamento da linguagem escrita convencional. A pesquisa consistiu na seguinte metodologia: ditava-se à criança uma quantidade de sentenças superior ao que ela pudesse lembrar e, diante da dificuldade de recordar todas as palavras, ela podia pegar um papel, seguindo a sugestão do pesquisador, para anotar o ditado. De acordo com Fontana e Cruz (1997, p. 198): "[...] o experimentador oferecia às crianças uma estratégia (o uso de um signo auxiliar) e um modo de ação (a escrita) para a solução da situação-problema".

O pesquisador concluiu que, inicialmente, as crianças não se utilizaram de seus registros como instrumentos para auxiliá-las na recordação; às vezes, as anotações (em forma de rabiscos mecânicos) atrapalhavam e confundiam o processo de memorização. Em outras situações, as crianças disseram o que lembravam sem nem sequer olhar para o papel. Ou seja, os registros ainda não se configuravam como escrita propriamente dita.

Para Luria (2010), os primeiros registros das crianças eram realizados com base na imitação do ato motor de escrever, sem relação com o aspecto interno da escrita. Em determinados momentos de sua pesquisa, o autor percebeu que as crianças por vezes registravam sem ouvir todas as sentenças pronunciadas, mostrando-se muito mais interessadas no ato de escrever.

> Nesse caso, a função da 'escrita' dissociou-se do material a ser escrito; sem compreender nem seu significado nem seu mecanismo, a criança usou a escrita de forma puramente externa e imitativa, assimilando sua forma exterior, mas sem empregá-la corretamente. (Luria, 2010, p. 150)

Em contrapartida, algumas crianças, apesar de registrarem traços indiferenciados, ao falarem sobre o que lembravam, agiam como se estivessem lendo a fim de distingui-los. Isso aconteceu porque elas usavam diferentes espaços da folha para registrar e, por meio dos sinais topográficos (pistas auxiliares), se utilizaram das marcas no papel para ajudar na recordação.

Ainda sobre as marcas escritas no papel, Luria (2010) aponta que, às vezes, elas servem como sugestão para lembrar. A criança escreve e, quando instada a dizer o que registrou, profere algumas palavras que não necessariamente se relacionam ao conteúdo dito. Ou seja, a criança sabe que aquela escrita tem significado, no entanto não lembra exatamente o que foi dito.

Luria (2010), então, evidencia que, depois de compreender que os registros podem ser usados como *recurso mnemônico*, a criança passa a entender que esse signo (escrita) precisa ter um significado comum para todos.

> Mnemônica [F. subst. de mnemônico] S. f. Arte e técnica de desenvolver e fortalecer a memória mediante processos artificiais auxiliares, como, p. ex.: a associação daquilo que deve ser memorizado com dados já conhecidos ou vividos; combinações e arranjos; imagens, etc.
> [...]
> Mnemônico [Do gr. Mnemonikód, "relativo à memória".] Adj. 1. Relativo à memória. 2. Conforme aos preceitos da mnemônica. 3. Fácil de reter na memória. 4. Que ajuda a memória. (Ferreira, 2010, p. 1407)

Nesse sentido, o autor (2010, p. 161) afirma que o desenvolvimento da escrita parte de rabiscos não diferenciados para diferenciados, em que "linhas e rabiscos são substituídos por figuras e imagens, e estas dão lugar a signos".

Luria enfatiza, ainda, que um dos recursos utilizados pela criança para diferenciar seus traçados é o ritmo da escrita. Ou seja, palavras/frases curtas pressupõem registros curtos, enquanto palavras/frases longas são representadas por traçados mais longos e complexos. Escrever frases em que a quantidade, a cor, a forma ou o tamanho estejam presentes possibilita a criança compreender aspectos internos da escrita. Ela se utiliza de registros diversos, tais como: a) número de traços diferenciados para escrever diferentes quantidades; b) marcas mais fortes no papel para designar determinada cor; e c) configuração de desenhos.

Figura 1. As notas musicais são desenhos que representam a música. Os rabiscos que aparecem no final da página foram elaborados à medida que a criança vocalizava a música. Ou seja, os rabiscos configuram a letra da composição de Sophia (4 anos).

Inicialmente as crianças, ao tentarem escrever determinada sentença, se utilizam de traços diferenciados e, logo depois, de desenhos que tratam da representação em si. Contudo, quando não conseguem registrar a ideia somente por meio de um desenho, porque se julgam incapazes de realizá-lo, elas desenham outros elementos que remetem à frase ouvida. Por exemplo, ao registrar a sentença "Há muitas estrelas no céu", a criança desenha uma janela e o céu, utilizando uma cena global para auxiliar na lembrança de seu registro. Ou seja, por encontrar dificuldades em representar uma ideia pela escrita pictográfica, ela começa a fazer outras relações e passa para uma escrita simbólica.

Posteriormente, as crianças percebem que não precisam desenhar todas as ideias ditas, mas podem se utilizar de alguns mecanismos para registrá-las. Por exemplo, uma das crianças analisadas por Luria (2010) ouviu a frase "Há mil estrelas no céu". Em vez de tentar infinitamente representar as mil estrelas, a criança desenhou apenas duas delas – o que remetia à ideia de quantidade e indicava elementos processuais de uma escrita simbólica.

Assim como no faz de conta e no desenho, a escrita se configura como um simbolismo de segunda ordem. Nos dois primeiros casos, os gestos estruturam a atividade, a primeira representação do significado, representando uma esfera simbólica de primeira ordem. Em seguida, quando as atividades se descolam da dependência do gesto, o significado assume a centralidade.

O sistema de escrita, de início, precisa da fala como suporte, atuando a linguagem oral como um elo intermediário entre a escrita e o que ela significa. Aos poucos, a escrita passa a representar a realidade de forma direta e a se configurar como um simbolismo de primeira ordem mais complexo do que a fala (Lacerda, 1992 e 2008).

> A linguagem escrita é construída por um sistema de signos que designam os sons e as palavras da linguagem falada, os quais, por sua vez, são signos das relações das entidades reais. Aos poucos, esse elo intermediário (linguagem falada) desaparece e a linguagem escrita converte-se num sistema de signos que simboliza diretamente as entidades reais e as relações entre elas. (Vigotski, 2008, p. 126)

Essas considerações teóricas são cruciais para pensarmos sobre os processos de aquisição da escrita em andamento na educação infantil, particularmente antes de as crianças colocarem o lápis na mão para grafar letras. O foco no funcionamento simbólico merece atenção, pois implica um novo olhar para as ações criativas correntes na infância, em especial para os modos de desenhar, brincar e narrar.

A escrita e seus desdobramentos educacionais nas práticas de letramento e alfabetização

Nas últimas décadas, os conceitos de letramento e alfabetização foram amplamente discutidos na área educacional. De acordo com Soares (2010), a palavra "letramento" surgiu, no Brasil, na década de 1980, derivada da palavra inglesa *literacy*.

Nessa perspectiva, mais do que conhecer o alfabeto, era necessário fazer uso da linguagem escrita nas práticas sociais, participar, interagir, saber se utilizar da leitura e da escrita em diferentes gêneros textuais e situações cotidianas. Isso significou, em linhas gerais, a defesa de uma apropriação da linguagem escrita como esfera intrínseca à cultura, em que o centro da questão não está apenas na decodificação de letras e fonemas, mas em sua funcionalidade nas relações sociais (Goulart, 2006; Soares, 2010; Carvalho, 2009, entre outros).

> *Literacy*: alfabetização, capacidade de ler e escrever. (*Dicionário Oxford Escolar para estudantes brasileiros de inglês*, 2009, p. 539)

Soares (2010) elucida que mensurar e nomear aquilo que se lê e se *escreve* como relacionado a estar alfabetizado e/ou letrado varia de acordo com os diversos contextos sociais em que o indivíduo está inserto e em suas diferentes interpretações.

Embora próximos e interdependentes, letramento e alfabetização apresentam conceituações diversas. O letramento é a amplitude de se apropriar da linguagem escrita em seu uso na vida social (funcionalidade), enquanto a alfabetização, apesar das controvérsias teóricas, interliga-se ao ensino/aprendizagem dos elementos da linguagem escrita, ou seja, de letras e fonemas que tornam o sujeito capaz de ler e escrever (Soares, 2004 e 2010; Carvalho, 2009).

Ser alfabetizado não significa compreender a leitura e a escrita nas diferentes dimensões sociais, o que também implica dizer que o indivíduo pode saber e/ou conhecer a funcionalidade da escrita mas não decodificar as letras e os fonemas sistematizados. Portanto, a pessoa pode ser letrada e não alfabetizada ou alfabetizada e não letrada. Isso se evidencia na criança quando ela ainda não aprendeu o sistema da escrita mas percebe, com base nas experiências que tem com o universo cultural, que existe um *motivo* e um *para quem* escrever, apresentando certo *nível de letramento*. "Há diferentes tipos e níveis de letramento, dependendo das necessidades, das demandas do indivíduo e de seu meio, do contexto social e cultural" (Soares, 2010, p. 49).

> Aos 4 anos de idade, Pedro pede:
> – Mamãe, escreve uma carta para o Papai Noel trazer um Peixonauta pra mim!
> Nessa narrativa de Pedro percebemos que, embora ele ainda não tenha se apropriado da linguagem escrita de forma sistematizada, conhecendo as letras e os fonemas, ele conhece sua funcionalidade.

Nessa linha argumentativa, Goulart (2006) elucida que os modos de lidar com a linguagem escrita relacionam-se diretamente com o contexto em que o sujeito está inserido e com a forma como ele a utiliza. Ou seja, os *fatos* de letramento de que cada indivíduo participa, em diferentes classes sociais, indicam distintos modos de apropriação da leitura e da escrita.

> Social e culturalmente, a pessoa letrada já não é a mesma que era quando analfabeta ou iletrada. Ela adquire outra condição – não se trata propriamente de mudar de nível cultural ou de classe social, mas de mudar seu *lugar* social, seu modo de viver na sociedade, sua inserção na cultura. Assim, sua relação com os outros, com o contexto e com os bens culturais torna-se diferente. (Soares, 2010, p. 37)

De fato, a condição de ser letrado modifica a forma como o indivíduo vivencia o meio que o circunda. Assim, letrar e alfabetizar, embora sejam ações diferentes, se complementam e se enriquecem, significando modos de atribuir sentido e de se apropriar da linguagem escrita.

Já no início do século passado, Vigotski (2008) argumentava que, embora a escrita fosse essencial no desenvolvimento cultural infantil, habitava um lugar muito resumido no âmbito escolar. Ou seja, as letras eram ensinadas para que palavras pudessem ser formadas. O psicólogo problematizava que, embora tenham surgido (por motivos históricos) muitos métodos para realizar o ensino da língua escrita de maneira eficaz, a pedagogia necessitava desenvolver um procedimento mais adequado para tal atividade. A atenção aos aspectos meramente mecânicos levava ao esquecimento do ensino da linguagem escrita viva.

Essa situação ainda hoje é vivenciada em nossas escolas. Diversos autores constatam que a linguagem escrita, em sua funcionalidade e simbolismo, ainda não é amplamente abordada nos espaços educacionais (Gontijo, 2007; Barbato, 2007).

A escrita é ensinada como uma habilidade técnica a ser alcançada. Vigotski (2008) compara essa forma de mediar a linguagem escrita com o ato de aprender a tocar piano. Muitas vezes, se sabe a maneira correta de posicionar os dedos e as mãos nas teclas, mas isso não significa que exista o envolvimento com a música em si.

Vigotski (2008) prenuncia, então, que é preciso que as crianças tenham acesso de fato à linguagem escrita, e não somente à grafia das letras. Mais do que isso, a escrita deve estar relacionada a uma atividade importante para a criança. Ou seja, escrever não deve ser apenas um ato motor, mas um ato que envolva toda atividade cultural da criança; um modo de se relacionar com o mundo, de expressá-lo e representá-lo.

Consoante à abordagem proposta por Vigotski, autores contemporâneos da perspectiva histórico-cultural (Smolka, 2003 e 2008; Lacerda, 2008; Gontijo, 2008, entre outros) (re)afirmam que a apropriação da escrita é responsável por grandes transformações na *ontogênese*. No entanto, o desenvolvimento da linguagem escrita não ocorre de forma linear e homogênea na infância. Ao contrário, é marcado por continuidades e descontinuidades, idas e vindas.

> Vigotski assume que o desenvolvimento do ser humano se dá no entrelaçamento da *ontogênese* (constituição individual do sujeito) com a *filogênese* (constituição do sujeito na história da espécie humana). Esse traçado ajudou a compor seus argumentos para analisar uma de suas preocupações conceituais centrais: a explicação das funções elementares, a constituição das funções psicológicas superiores (culturais) e a relação de ambas na constituição da pessoa (Pino, 2000).
> Para Vigotski, as funções elementares não deixam de existir, mas se transformam, se redimensionam ou se reconfiguram com a emergência das funções psicológicas superiores, fruto das relações sociais e culturais.

Nesse aspecto, de acordo com Gontijo e Leite (2002), a escrita não resulta de uma adaptação ao sistema de signos, mas de sua apropriação. Por meio desse processo complexo, os conceitos organizados e estruturados historicamente são dominados pelo indivíduo.

Ao escrever, a criança amplia radicalmente seus modos de imaginar e (re)memorar o mundo, pois é capaz de lembrar o que escreveu, ler ao outro e utilizar a própria escrita para escrever a mesma palavra em outro tempo e/ou contexto. Ela passa a conservar na escrita suas impressões, percebendo que, independentemente do lugar em que a palavra esteja escrita, ela estará representada da mesma maneira. Os símbolos (letras) utilizados serão os mesmos.

As autoras explicitam que, mesmo sem conhecer o sistema da escrita, as crianças se utilizam de meios icônicos e não icônicos para registrar, percebendo o simbolismo da escrita muito antes de dominá-lo formalmente, como já vimos. Nesse sentido, estudar o processo de escrita demanda contato com outros fatores que participam da expansão do conhecimento, para além da apreensão de letras, grafemas e fonemas. Por isso, é necessário um estudo mais aprofundado da história do desenvolvimento dos signos na criança.

Smolka (2003), apoiada na teoria histórico-cultural, compreende a escrita em sua dimensão discursiva. Ou seja, a escrita na escola não é apenas um eixo de conhecimento, mas, essencialmente, uma "forma de linguagem" (Smolka, 2003, p. 45). Assim, alfabetizar é ir além de aprender letras, palavras e orações, pois a escrita possibilita modos diferentes de viver a linguagem.

Dessa forma, a autora adverte que o desenvolvimento da escrita se relaciona com a dimensão simbólica, bem como com as diferentes funções e configurações da escrita em determinado contexto sociocultural. Em uma atividade dialógica, interativa, a criança aprende a ouvir e a compreender o outro pela leitura e a dizer o que sente e pensa pela escrita.

Cabe dizer que a ação de aprender está relacionada com fazer uso dessa linguagem: praticá-la, conhecê-la, trazendo para o campo pedagógico fatores sociais e políticos. Ou seja, a escrita se constitui de e por sentidos emergentes na relação com o outro (dialógica e discursiva), daquilo que é escrito, de como e de para quem é escrito (Smolka, 2003; Barbato, 2007).

Nessa linha argumentativa, nota-se que, na contemporaneidade, grande parte das crianças de diferentes maneiras está inserta em um ambiente letrado e troca informações com ele antes de entrar para o contexto escolar. A escrita é uma das linguagens existentes. As leituras de mundo, realizadas pelas crianças, se externam por vários meios semióticos que se interpenetram. Linguagem escrita, plástica, musical, fotográfica, teatral etc. constituem a criança nos processos de percepção, leitura, compreensão e representação simbólica do mundo circundante (Garcia, 1993).

Smolka (2003) aponta o contar, o interpretar e/ou criar histórias como atividades essenciais para o desenvolvimento da escrita, pois são experiências que constituem o universo simbólico da criança, por meio da vivência de papéis que a orientam em sua relação com o mundo. As histórias inventadas, as brincadeiras de enredo e os desenhos dão liberdade ao pensamento infantil e motivam seus processos criativos, oportunizando o aprendizado efetivo da leitura e da escrita. A criança, ao realizar suas produções orais ou escritas, elabora sínteses sobre a realidade na qual está inserta. Tais produções se articulam de diferentes maneiras com o ato de ler e escrever.

Nessa direção, Silva, Dias e Abreu (2003), em seus estudos sobre a relação entre imaginação e linguagem, apontam que a criança, em seus processos criativos, por meio da brincadeira, das narrativas e dos desenhos, lê e escreve sobre o mundo que a circunda. Desse modo, anterior e/ou paralelamente à escrita convencional, a criança se expressa por outras *formas de escrita*, que precisam ser investigadas para melhor compreender as práticas de letramento e alfabetização.

De acordo com as autoras, a criança, em suas possibilidades imaginativas, se apresenta como autora e leitora do mundo que a cerca. Seus pensamentos sobre a realidade – representações que se caracterizam como *gráficas* (desenho, por exemplo) e *não gráficas* (faz de conta e narrativas) – revelam o que a criança produz no e sobre o universo cultural. Ressalta-se, aqui, a participação do corpo. Ele não é coadjuvante nesse processo, mas participa ativamente da experiência criativa infantil e a constitui. Isto é, o corpo é o elemento central de mediação dos processos de leitura e escrita realizados pela criança, uma vez que está presente em todo o desenvolvimento simbólico infantil, como veremos no próximo capítulo.

RELEMBRANDO

> Na perspectiva histórico-cultural o gesto assume o papel de signo visual em que a futura escrita apresenta sua origem. A aquisição da escrita está relacionada com o processo de simbolismo na criança, em que a relação entre o gesto com o faz de conta e o desenho é concebida como elemento essencial para compreender a complexidade dos processos de representação.

> ❶ Apesar de a linguagem escrita representar papel importante no desenvolvimento cultural da criança, a sua funcionalidade e simbolismo, em interface com os contextos culturais, ocupam um lugar resumido nos estudos educacionais.

> ❶ O ato de escrever não se reduz a um controle mecânico, pois se relaciona à atividade cultural da criança, possibilitando modos de imaginar e (re)memorar.

SUGESTÃO DE ATIVIDADES

O pesquisador agora é você!
Colega professor, a proposta dessa atividade é que você possa identificar elementos do processo de aquisição da escrita de seus alunos. Sugerimos a você reler as informações sobre a pesquisa de Luria e a contextualize para a realidade de sua turma. Registre as respostas das crianças e suas impressões em um diário de bordo. Lembre-se de que a aquisição da escrita não se dá de forma linear nem homogênea na ontogênese.

Vamos escrever com o corpo?
Local: quadra de esportes, pátio ou sala ampla
1ª etapa:
a) Quando os alunos chegarem ao local da atividade, já deverão encontrar diversas letras escritas com giz no chão. Disponibilize também letras soltas (alfabetos de plástico, borracha etc.).
b) Deixe os alunos explorarem as letras.
c) Peça que eles agrupem as letras iguais.
2ª etapa:
d) Organize a turma em pequenos grupos (máximo de três crianças por grupo).
3ª etapa:
e) Peça que, com o apoio dos outros colegas de grupo, cada aluno (um por vez) desenhe com o corpo uma letra encontrada.

4ª etapa:

f) Reunir dois grupos – um será o "fotógrafo" e o outro o modelo. Um grupo arruma o outro em uma pose que forme uma letra. Se houver máquina fotográfica disponível, o grupo que arrumou a pose poderá efetuar o registro (com a ajuda do professor ou do auxiliar). Caso contrário, finge-se que a foto foi tirada. Depois os grupos trocam de função.

Observação: As fotografias tiradas podem servir posteriormente como material de apoio pedagógico em sala de aula.

....

Cole uma letra em vários balões coloridos. Amarre um balão em um dos pés de cada aluno. Ao som de uma música, as crianças devem dançar, explorando o espaço da sala de aula (ou qualquer outro local para o desenvolvimento da atividade). Quando a música parar, as crianças se juntam (em duplas ou trios) e, com as letras dos balões, formam palavras.

2
O corpo e a cultura

Introdução

Neste capítulo, o corpo será apresentado conceitualmente em sua dimensão histórica. Da antiguidade clássica aos tempos atuais, destacaremos diferentes modos de focalizar o corpo, tanto do ponto vista filosófico como no âmbito dos estudos nas ciências humanas e sociais.

No decorrer do texto, será possível identificar que o corpo é entendido, no presente trabalho, em sua dimensão simbólica, como esfera de comunicação, representação e expressão de subjetividades. Isso porque, a depender da cultura e do momento histórico em que estamos inseridos, o corpo marca os contextos culturais de diferentes formas, e é por eles marcado em função das construções sociais e ideológicas específicas.

No campo dos estudos da psicologia do desenvolvimento, estudaremos as contribuições de Henri Wallon sobre o corpo, tendo

Este capítulo propõe:
- Discutir o estatuto semiótico do corpo, problematizando diferentes tratamentos conceituais dados a ele ao longo da história.
- Apresentar as contribuições do teórico Henri Wallon sobre a importância central do movimento e da gestualidade para o desenvolvimento infantil.
- Refletir criticamente sobre os exercícios psicomotores, que muito influenciam as práticas pedagógicas na educação infantil, e seus desdobramentos para o processo de aquisição da escrita da criança.

como base seus postulados conceituais acerca do ato motor e de sua centralidade para o desenvolvimento da criança. A partir daí, será possível percebermos que o movimento da criança e toda sua gestualidade ultrapassam o deslocamento em si, chamando-nos a atenção para o aspecto simbólico do corpo.

Por fim, convidamos o leitor a uma reflexão sobre o modo como o corpo tem sido preferencialmente problematizado nas escolas da educação infantil. Abordaremos criticamente o enfoque dos exercícios motores no cotidiano escolar fundamentados na psicomotricidade e seus desdobramentos para a aquisição da escrita.

A temática do corpo tem sido objeto de estudo em diferentes áreas do conhecimento científico. Dos estudos biológicos ao campo da *semiótica*, as várias formas de olhar para o corpo vêm gerando conceituações diversas. Essas noções são marcadas pelo lugar de onde o corpo é estudado, em função de distintos referenciais teóricos. Contudo, a ambiguidade múltiplo/uno, sujeito/objeto persiste desde as primeiras reflexões sobre o estatuto do corpo (Detrez, 2002; Marzano, 2007; Villaça, 2009).

> Semiótica: a palavra "semiótica" deriva da estrutura semântica grega *semeion*, que significa "signo". Assim, semiótica é o estudo dos signos, que se caracteriza pelo interesse na linguagem (linguagens) para além dos idiomas. Aqui, é investigada, centralmente, a diversidade de processos comunicativos e simbólicos que circunscrevem a experiência humana com a cultura.

Nessa direção, Sant'Anna (2006) explicita que o corpo se estabelece como lugar biológico e simbólico, caracterizando-se como ente biocultural. Desse modo, em seus aspectos genéticos e em sua forma de se expressar, ele ora revela, ora oculta o indivíduo (seu fenótipo) e sua subjetividade. Em virtude dessa posição ambivalente, a autora elucida que, seja no âmbito religioso ou científico, o corpo tem se constituído historicamente como objeto de conhecimento e controle. Por isso, estudá-lo significa investigar modos de configuração de poder em prol de interesses próprios e/ou coletivos.

> O corpo:
>
> [...] é uma construção sobre a qual são conferidas diferentes marcas, em diferentes tempos, espaços, conjunturas econômicas, grupos sociais, étnicos, etc. Não é portanto algo dado *a priori* nem mesmo é universal: o corpo é provisório, mutável e mutante, suscetível a inúmeras intervenções consoante o (ao) desenvolvimento científico e tecnológico de cada cultura bem como suas leis, seus códigos morais, as representações que cria sobre os corpos, os discursos que sobre ele produz e reproduz. (Goellner, 2005, p. 28)

Notamos, assim, que diferentes sentidos e significados sobre o corpo belo/feio, gordo/magro, ágil/lento etc. nos rondam. Para entendermos os valores e as crenças atribuídos a esses múltiplos sentidos, é fundamental refletir sobre o corpo ao longo da história.

Na *Grécia Antiga*, o corpo era de interesse das postulações filosóficas. Para *Platão*, havia dois mundos: um se referia ao finito e ao passageiro (corpo, matéria), o outro, ao perfeito e imutável (alma, ideias). Diante desses pressupostos, o filósofo assumia que o corpo e a alma pertenciam a dois mundos distintos, sendo o primeiro mortal e passageiro; e o segundo divino e atemporal (Platão, s/d; Gonçalves, 2010).

Aristóteles, por sua vez, compreendia o ser humano em sua concepção contemplativa da realidade; o corpo era morada da alma. Sant'Anna (2006) explica que, ao contrário de Platão – que concebia a alma como algo capaz de vagar entre diferentes corpos –, Aristóteles aponta a existência da alma como dependente de um único corpo, uma identidade singular. Para ele, a alma não se movimenta, sendo imutável.

> **Você sabia?**
> **Platão** (427-347 a.C.) foi o segundo da tríade dos grandes filósofos clássicos, sucedendo Sócrates (469-399 a.C.) e precedendo Aristóteles (384-322 a.C.). No campo das ideias, o Platão é considerado o primeiro pedagogo, pois concebeu um sistema educacional para o seu tempo integrado a uma dimensão ética e política. O objetivo final da educação, para o filósofo, era a formação do homem moral, que viveria assim em um Estado justo.
> (Fonte: http://revistaescola.abril.com.br/historia/pratica-pedagogica/primeiro--pedagogo-423209.shtml?page=0.)
>
> **Aristóteles**, por sua vez, trouxe importantes contribuições para a civilização ocidental. Fundador da lógica, suas conclusões nessa área não foram contestadas até o século XVII. Grande parte da obra aristotélica se desenvolveu em oposição à filosofia de Platão, que foi seu mestre. Uma das grandes inovações trazidas por ele em relação a Platão foi a negação da existência de um mundo suprarreal, no qual habitariam as ideias. Para Aristóteles, ao contrário, o mundo que percebemos é suficiente, estando a perfeição ao alcance de todos os homens. A oposição entre os dois filósofos gregos – ou entre a supremacia das ideias (idealismo) ou das coisas (realismo) – impactou profundamente o pensamento ocidental.
> (Fonte: http://revistaescola.abril.com.br/historia/pratica-pedagogica/aristoteles-428110.shtml?page=2.)

Na *Idade Média* (século V ao século XV aproximadamente), em oposição a todos os postulados da antiguidade clássica, o corpo foi *negativado* (obscurantismo) em detrimento da luz da alma, ficando submetido às ordens e aos preceitos da Igreja Católica e sendo concebido como lugar do pecado, aglutinador de desejos e impulsos. Assim, todas as atividades relacionadas ao prazer eram consideradas feias e sujas, assumindo dimensões do mundano.

De acordo com Sant'Anna (2006), as doenças, em geral, eram vistas como castigo divino. O cuidado médico era questionado, pois não cabia ao homem interferir nas determinações divinas ou questioná-las. A lepra, por exemplo, era reconhecida como uma doença da alma, um castigo aos pecadores. Essa concepção perdurou por muitos séculos na história da humanidade.

Em contraponto, no *Renascimento* (séculos XV e XVI), algumas ideias do pensamento grego são retomadas. Nessa época, emergem produções artísticas que retratam a celebração do corpo em sua perfeição, buscando o ser humano universal (Gonçalves, 2010). Essa busca do perfeito leva ao surgimento dos estudos sobre a anatomia humana. Podemos notar essa preocupação nas obras de Leonardo da Vinci, no início do século XV, bem como no tratado *De Humanis Corporis Fabrica*, de Andreas Vesallius, datado de 1543 (Gombrich, 1999; Gollnër, 2005).

> Com a retomada do comércio e da vida urbana em grande parte da Europa Ocidental, no final do século XII, foram redescobertos, em traduções árabes, os textos dos pensadores greco-romanos, perdidos desde o início da Idade Média. Esse acontecimento ocasionou uma mudança na mentalidade. Surgiu um novo tipo de intelectual, chamado de humanista, que, assim como os filósofos gregos, entendia o homem como a medida de todas as coisas. Esse pensamento influenciou pintores, escultores e artistas, que retomaram os padrões da antiguidade clássica em suas obras. Esse período, conhecido como *Renascimento*, cujo auge se deu nos séculos XV e XVI, teve como berço as cidades da península Itálica.
> No campo das artes, os renascentistas exaltavam abertamente o corpo e a beleza física. A mulher, antes ligada ao pecado, ressurge seminua e deslumbrante. A figura masculina, por sua vez, demonstrava o equilíbrio das proporções, como pode ser visto na gravura "O homem vitruviano" (1490), de Leonardo da Vinci.
> (Fonte: http://revistaescola.abril.com.br/educacao-fisica/fundamentos/busca-corpo-perfeito-424326.shtml?page=1.)

Já no *Racionalismo* (séculos XVII e XVIII) radicaliza-se o pensamento clássico dualista; corpo e alma se apresentam como esferas distintas, estando a razão em primazia. Dessa forma, somente o raciocínio explica a realidade, pois as experiências e os sentidos a confundem: "a mente domina o corpo e as paixões, e tem o poder de explicar todas as funções corporais de modo puramente mecânico" (Tiriba, 2008, p. 8).

Descartes, o principal filósofo racionalista, confere à razão estatuto principal da condição humana. O homem cartesiano é entendido como objeto de questionamento. Ele começa a indagar a realidade, assumindo o papel de observador e observado. Precisa, portanto, afastar-se de si mesmo para se compreender.

Souza (2001) argumenta, ao problematizar os postulados racionalistas, que as percepções sensoriais (encontradas no corpo) provocam ilusões e afastam o homem da razão, e por isso o corpo precisa ser conhecido.

> **René Descartes** (1596-1650), considerado o pai da filosofia moderna, trouxe contribuições importantes para se pensar o corpo. Seu nome em latim é Cartesius, sendo por isso seu pensamento conhecido como cartesiano. Para o filósofo, o ser humano constitui-se de duas unidades distintas: a) a substância pensante, que advém de uma natureza espiritual (o pensamento); e b) a substância extensa, de natureza material (o corpo). Essa concepção é conhecida como dualismo psicofísico cartesiano.
> Descartes também criou o conceito de corpo-máquina, associado ao mecanicismo. Ele entendia que o corpo age como máquina, funcionando de acordo com leis universais.
> Descartes é o principal representante da corrente filosófica do Racionalismo, que congrega as doutrinas que destacam o papel da razão no processo de conhecimento, em oposição ao Empirismo, que ressalta a importância da experiência sensível.
> (Aranha e Martins, 2002)

A partir do século XVIII, com o avanço do *Iluminismo*, em virtude da consolidação do pensamento científico (positivista) e da formação das áreas de conhecimento, o corpo começou a ser compreendido de forma segmentada, passando a ser estudado pela ciência (Gonçalves, 2010).

Ou seja, "se foi possível constituir um saber sobre o corpo, foi através de um conjunto de disciplinas militares e escolares. É a partir de um poder sobre o corpo que foi possível um saber fisiológico, orgânico" (Foucault, 2011, p. 148-49).

> **Iluminismo**: entendido como um pensamento cultural do século XVIII, também chamado de Ilustração ou Filosofia das Luzes, enfatizava a capacidade humana de, pelo uso da razão, conhecer a realidade e intervir nela, a fim de organizá-la racionalmente visando a uma vida melhor para as pessoas. Trazia como proposta a libertação do ser humano de medos irracionais, superstições e crendices, levando-o a questionar as tradições vulgares e a construir uma nova ordem racional para a sociedade. O grande mérito dos iluministas está no esforço de generalizar e aplicar as doutrinas críticas e analíticas aos diversos campos da atividade humana. (Cotrin e Fernandes, 2010)

Com o avanço do capitalismo ocidental e dos processos de industrialização, o corpo se configura como plataforma do trabalho (meio de produção). Submisso e controlado, ele é estruturado para realizar atividades produtivas. O movimento corporal é, então, valorizado na medida de sua resposta aos interesses da classe hegemônica.

Do mesmo modo, Bercito (2011), em seus estudos sobre o período industrial no Brasil, aponta a domesticação e o adestramento do corpo (criação do corpo-ferramenta) como aspectos centrais para o êxito do projeto burguês. Nas fábricas, o movimento, por exemplo, se restringia aos gestos mecânicos, repetitivos, controlados e disciplinados; o gasto de energia com movimentos desnecessários precisava ser evitado.

Logo, do ponto de vista dos elementos a serem valorizados na industrialização, os atributos corporais se sobrepõem aos cognitivos. Ainda na ambivalência corpo/mente, o conhecimento necessário ao trabalhador refere-se somente àquele que o capacita a realizar (de forma produtiva) sua atividade. À medida que esse corpo começa a apresentar fadiga, doenças e/ou limitações em consequência do trabalho exaustivo, a medicina aparece (como antídoto) para evitar a queda no desempenho do trabalhador. Surge, então, a necessidade de organizar, de modo racional, a energia desprendida no trabalho humano, a fim de que esse corpo controlado/manipulado não desse prejuízo.

> Foucault (2011, p. 147-48) nos faz refletir sobre a seguinte questão:
>
> Qual tipo de investimento do corpo é necessário e suficiente ao funcionamento de uma sociedade capitalista como a nossa? Eu penso que, do século XVII ao início do século XX, acreditou-se que o investimento do corpo pelo poder devia ser denso, rígido, constante, meticuloso. Daí esses terríveis regimes disciplinares que se encontram nas escolas, nos hospitais, nas casernas, nas oficinas, nas cidades, nos edifícios, nas famílias...

Em outras palavras, Silva (2011), apoiada no pensamento de Foucault, destaca que, no projeto capitalista industrial, o corpo encontrava-se cada vez mais submisso aos aparelhos institucionais que primavam pela disciplina e manipulação. Para tanto, almejava-se um corpo padronizado, instrumentalizado. Ou seja, o objetivo de escolas, quartéis, hospitais e espaços religiosos era produzir um corpo domesticado, dócil, em que todos os indivíduos fossem obedientes àquilo que lhes era imposto.

Estudos contemporâneos (Goellnër, 2005; Villaça, 2009; Novaes, 2011, entre outros), surgidos a partir da metade do século XX, apontam as interfaces entre cultura, tecnologia e biologia como dimensões que *tranversalizam* (se assim podemos dizer) os estudos sobre o corpo. Hoje, como sabemos, é possível mudar o próprio corpo por meio do aparato tecnológico e científico. Essas transformações, muitas vezes, são desejadas e exigidas socialmente.

O corpo contemporâneo tem sido o ponto central de problematização de pesquisas sobre gênero, por exemplo: a relação entre o trabalho feminino e a obesidade, as políticas públicas direcionadas ao masculino e ao feminino (Meyer, 2005).

Nos movimentos culturais e artísticos, como no *bodytransformation* (Matesco, 2009), a importância do corpo assume dimensões artísticas jamais vistas, produzindo profundas alterações nas concepções sobre estética, ética e identidade.

> ***Bodytransformation***: o termo vem do inglês *body* (corpo) *transformation* (transformação) sendo também conhecido como *bodymodification*. Caracteriza-se por modificações corporais realizadas por razões não clínicas, tendo como ênfase interesses estéticos, culturais ou espirituais.
> (Fonte: http://www.brasilescola.com/sociologia/body-modification.htm.)

Os estudos sobre a sociedade do biopoder, em seu turno, investigam o impacto das novas tecnologias e seus efeitos na comunicação e na mobilidade informativa como forma de produção de novas subjetividades e maneiras de configuração do poder partilhadas entre diferentes instituições. Cada vez mais abertas ao intercâmbio, tais instituições produzem um novo tipo de controle do corpo, incessante e transtemporal (Braga e Vlach, 2004; Negri e Hardt, 2004; Bentes, 2009).

Se de um lado a tecnologia e a informática trouxeram ganhos à nossa sociedade, de outro legitimaram uma nova forma de poder. Segundo Negri e Hardt (2004), o controle que antes se dava nas instituições sociais – a escola, o quartel e a igreja, conforme o pensamento foucaultiano – alcançou maiores proporções, sob o discurso questionável de se apresentar mais democrático. De fato, por meio das redes de informações e de um sistema complexo de comunicação tecnológica, o poder passa a se estabelecer por máquinas que constituem o próprio cérebro e o corpo, rumo a uma autoalienação. Ele organiza a vida social contemporânea por uma vontade aparentemente *espontânea do indivíduo*.

No jogo entre geral/particular e cultura/sujeito, o conceito sobre o corpo ultrapassa sua configuração de matéria e/ou movimento em si, deflagrando sua dimensão semiótica. Nesse sentido, como será discutido a seguir, o corpo é linguagem, veículo de comunicação e espaço de constituição subjetiva.

O corpo e seu estatuto semiótico

Atualmente, as pesquisas sobre o corpo têm atravessado o campo dos processos semióticos. Investigar o corpo somente como um objeto, como coisa em si, implica desprezá-lo como um meio de comunicação e relação com o mundo (Rennó, 2001). Não devemos compreendê-lo de maneira fragmentada, mas, sobretudo, na relação dos elementos: matéria/espírito, carne/imagem (Villaça, 2009; Souza e Silva, 2010).

> **Soares** (2000, p. 5) considera "o corpo como primeiro plano da visibilidade humana, como lugar privilegiado das marcas da cultura [...]". As palavras dessa autora têm inspiração no estudo de Vigarello (1978, p. 9), que afirma: "O corpo é o primeiro lugar onde a mão do adulto marca a criança, ele é o primeiro espaço onde se impõe o limite social e psicológico dados à sua conduta, ele é o emblema onde a cultura escreve seus signos tanto como um brasão"

O corpo se constitui, assim, como signo, pois carrega em si processos de interpretação e expressão que ultrapassam sua materialidade. Nele, tornam-se aparentes e contraditoriamente coincidentes em unidade a subjetividade, a história e a cultura (Souza, 2001; Souza e Silva, 2010).

Com base nos postulados de *Mikhail Bakhtin* (2010), é possível afirmar que todo signo surge imerso em determinada realidade histórico-social. A experiência semiótica é constitutiva das dinâmicas sociais que nos circunscrevem. O autor explica:

> Os signos só emergem, decididamente, do processo de interação entre uma consciência individual e uma outra. E a própria consciência individual está repleta de signos. A consciência só se torna consciência quando se impregna de conteúdo ideológico (semiótico) e, consequentemente, somente no processo de interação social. (p. 34)

> **Mikhail Bakhtin** (1895-1975) é considerado um dos maiores pensadores do século XX. É conhecido como teórico das áreas de Literatura, Linguagem e Discurso. Mais recentemente, também, foi considerado filósofo, pois esboçou entre 1920 e 1924 a filosofia do ato ético, em que dialoga com a filosofia desde Aristóteles até autores contemporâneos. Entre suas principais ideias destaca-se a de que todo sujeito/todo sentido é construído no âmbito das relações sociais estabelecidas desde o nascimento com outros sujeitos/sentidos. (Sobral, 2009)

Logo, não é possível separar a consciência dos elementos semióticos (ideológicos) do corpo. O ser humano é definido por um conjunto de relações interpessoais, corporificadas em um indivíduo, em que funções sociais são construídas de acordo com as estruturas sociais e políticas específicas. Desse modo, para compreendermos o ser humano em sua completude, precisamos contextualizá-lo em seu curso de vida, revelando os processos ideológicos presentes e suas consequências para o indivíduo (Souza, 2001). Significados e sentidos se revelam no sujeito corporificado.

A ideologia constitui os processos estruturantes das relações em sociedade, demarcando aquilo que é aceito, profícuo, belo ou não. Os valores e as crenças revelam particularidades e características de uma comunidade semiótica. Por essa razão, a ideologia se apresenta de forma diversificada, uma vez que a sociedade se mostra heterogênea em classes sociais e diversa em experiências culturais (Costa e Silva, 2012).

Podemos, então, afirmar que o ser humano vivencia uma multiplicidade de contraditórios papéis sociais, que configuram narrativas subjetivas em que o corpo caracteriza-se como suporte central. Ou seja, as experiências, as impressões e as leituras de mundo realizadas pelos sujeitos são expressas no vivido corporal, que é uma das dimensões da subjetividade (Rennó, 2001).

Bakhtin (2010) fala sobre a psicologia do corpo social, que se configura como a ligação entre o sociopolítico e o ideológico, sendo o local em que ocorrem os atos enunciativos. Nesses termos, para o autor, as relações de produção resultam em uma organização sociopolítica que determina as interações verbais em todas as esferas sociais. Tais interações se exteriorizam por meio das palavras, dos gestos e dos atos.

O autor explica, ainda, que essa psicologia do corpo social se revela em modos de discurso diversificados, emergentes nos espaços exteriores cotidianos, no discurso interior etc. Nesse aspecto, Bakhtin (2010, p. 43) elucida que "todas estas manifestações verbais estão, por certo, ligadas aos demais tipos de manifestação e de interação de natureza semiótica, à mímica, à linguagem gestual, aos gestos condicionados etc."

O autor também discorre sobre os critérios de avaliação a que o signo está sujeito. Como já vimos, aquilo que é correto, viável, bom etc. está normatizado pelo próprio julgamento ideológico encarnado no corpo. Logo, ele também resulta dessa avaliação, por meio dos modos pelos quais a sociedade elege e identifica as esferas de perfeição, aceitação e funcionalidade.

Desdobrando essa análise, Souza (2001) afirma que o gesto e as ações dos homens são gerados nas relações sociais, sendo resultado e resultantes delas. Dessa maneira, a expressão muitas vezes é contida ou limitada não necessariamente por uma característica absolutamente física, mas por conceitos e preconceitos estabelecidos.

Embora não tenha discutido a temática do corpo conceitualmente, Vigotski (2008) colabora para aprofundar a problemática. O autor discorre sobre a relação entre gesto, desenho, linguagem e a construção simbólica da criança, conforme apresentamos no capítulo anterior, explicando que os signos são construídos nas dinâmicas sociais.

No conjunto de experiências culturais, os movimentos iniciais do bebê são significados pelo outro. Ou seja, a organização do corpo do bebê ocorre na medida em que o outro interpreta os movimentos realizados pela criança e lhes dá sentido. O corpo se estrutura na experiência alteritária (o *eu* se colocando no lugar do *outro*), a partir do jogo inter/intrapessoal.

Portanto, é "nessa trama de significados, sentidos, papéis e posições sociais que o sujeito se constitui, sendo produto e processo de suas atitudes, de seus desejos e de suas vidas" (Souza, 2001, p. 89). Evidenciamos, na pluralidade de posicionamentos que o sujeito vivencia, nas múltiplas relações sociais das quais participa, nas diferentes formas de agir etc., uma forma de o corpo se apresentar e ser apresentado. O corpo assume lugar central em que a subjetividade se dá a conhecer por meio do *vivido corporal*; o sujeito uno/múltiplo se significa e é significado (Rennó, 2001).

Tais reflexões são pertinentes para o trabalho escolar e pedagógico. Ou seja, considerar as relações entre o corpo, os processos de significação e as práticas de letramento implica atenção aos processos criativos correntes na infância, como veremos nos próximos capítulos.

O corpo e o movimento: focalizando a pessoa completa – contribuições de Henri Wallon

Wallon (2007), fundamentado no materialismo histórico dialético (tal como Vigotski), compreende o homem em sua não dissociação biológica e social. Para ele, que busca pesquisar a origem do psiquismo humano, é importante estudar a criança do ponto de vista dela própria, a fim de compreender o seu processo de desenvolvimento de forma específica, rompendo com uma visão centrada na figura do adulto.

> **Henri Wallon** nasceu em 1879, em Paris. Era licenciado em Filosofia, mas também se interessou pela Medicina e mais tarde pela Psicologia. Trabalhou com crianças que apresentavam anomalias motoras e mentais, na área da Psiquiatria. Chamado para atuar como médico, na Segunda Guerra Mundial, viveu em um contexto de bastante instabilidade e se mostrou envolvido com as questões políticas da época. Deixou grandes contribuições para a educação, vislumbrando um dos projetos mais completos na área educacional na França, em que se propunham a democracia e o máximo desenvolvimento da criança como indivíduo e cidadã. (Galvão, 1995; Alfandéry, 2010)

O autor traz grandes contribuições às áreas da Picologia e da Educação, tomando o movimento e a emoção como elementos centrais para o desenvolvimento infantil. Para ele, três campos funcionais se articulam na constituição da pessoa completa: a afetividade, o ato motor e a inteligência. Esses três campos se encontram interligados e se articulam formando o quarto campo funcional: a própria pessoa (Galvão, 1995; Almeida, 2010). Eles se alternam em estágios específicos no desenvolvimento, ora sendo preponderante a afetividade, ora a cognição.

Wallon (2007) explica que o desenvolvimento em estágios – impulsivo-emocional, sensório-motor e projetivo, personalista, categorial e adolescência – não acontece de forma linear ou por mera ampliação de estruturas. Ao contrário, o que marca a passagem de um estágio para o outro é exatamente a presença de crises que levam à mudança. Isto é, as crises ocorridas (seja por fatores externos e/ou internos) resultam em transformações no sujeito e, consequentemente, no modo como determinada atividade/conduta acontece.

Dessa maneira, o autor explica que a criança interage com seu meio de diferentes formas, que variam de acordo com os sistemas de comportamento presentes, os interesses, as motivações e as possibilidades que emergem durante o processo interativo. Assim, a atividade mais elementar sempre está diretamente entrelaçada às relações de ação e reação.

O autor esclarece que é equivocado presumir que no ato ou em um mero movimento não haja certo nível de consciência. Ou seja, os campos da afetividade e do ato motor estão presentes desde os anos iniciais de vida da criança, sendo, portanto, indissociáveis.

Galvão (1995) elucida que, na teoria walloniana, o movimento apresenta duas dimensões: a expressão e o deslocamento em si. Ambos estão permeados pela afetividade. A expressão de cada ato motor está intrinsecamente relacionada ao meio social em que a criança está inserta. Desse modo, o ambiente cultural modifica a gestualidade – segundo a autora, basta que observemos a forma como os italianos e os japoneses se expressam.

Desde a vida inicial do bebê, no estágio impulsivo-emocional (até 1 ano), suas interações estão direcionadas às relações com as pessoas que o rodeiam. Desse modo, os gestos que as pessoas realizam estabelecem, paulatinamente, as relações sociais da criança. Por sua vez, seu choro e suas manifestações iniciais, que a princípio se revelam como reflexo, são (re)significados nas dinâmicas sociais (Caixeta, Costa e Hanna, 2007).

Nos estágios sensório-motor e projetivo (1 a 3 anos), a atividade da criança é regida pela curiosidade em explorar o meio que a circunda, na qual se evidencia a emergência da inteligência prática (Dantas, 1983). A criança desenvolve o seu espaço exterior com base em experiências concretas de manipulação e percepção dos objetos. Isto é, "os movimentos se ligam aos efeitos perceptivos que deles podem resultar. Impressões proprioceptivas e sensoriais aprendem a se corresponder em todos os seus matizes" (Wallon, 2007, p. 194). Cabe ressaltar, ainda, que no pensamento sincrético infantil as experiências vivenciadas pela criança se misturam e se confundem.

Logo, o movimento, nesse estágio, se relaciona com o resultado da ação. Por exemplo, quando a criança empurra determinado objeto e este se move, quando aperta um botão e escuta um som etc. Ou seja, a criança age corporalmente conforme as sensações que vivencia a cada momento (Galvão, 1995).

Aos poucos, a ação mental da criança se revela no movimento, isto é, ela se utiliza do gesto para tornar seu pensamento completo. Não somente se expressa pela linguagem, mas também pelo corpo. Ela (*se*) apresenta (*n*)um *cenário corporal*, por meio de sua gestualidade e de suas posturas, para demonstrar uma ideia.

Nas palavras de Wallon (2008, p. 122): "nas histórias da criança, [...] seus gestos distribuem ao redor dela as presenças ou as circunstâncias que ela quer evocar, e em seus jogos, nos quais ela transforma objetos quaisquer nos objetos que ela finge manejar".

Por essa razão, "a construção do eu corporal é condição para a construção do eu psíquico" (Galvão, 1995, p. 51). Por volta dos 3-6 anos, o estágio personalista, conforme Wallon o nomeia, é marcado pela imitação e pela *idade da graça* na formação da personalidade. A criança se diferencia do outro, almejando a constituição de sua própria identidade. Nessa fase, a gestualidade da criança busca o reconhecimento e a admiração das pessoas que a cercam.

Desse modo, Dantas (1983) indica que a criança imita os movimentos que vivencia e observa em seu cotidiano. Ela realiza a imitação não somente para os outros, mas, sobretudo, para si. Ou seja, ao mesmo tempo que imita aqueles que estão ao seu redor, procura "dar um certo conteúdo ao seu eu, enamorando-se de si mesma" (1983, p. 209).

Para Wallon (2007), a imitação merece atenção especial e não é apenas uma atividade fortuita. A criança seleciona seu alvo de imitação (um indivíduo ou ação que lhe sejam significativas) e o modo como deseja fazê-lo. Em nosso cotidiano escolar, observamos essa situação com frequência; a origem da imitação da criança se baseia na escolha de contextos relacionados à admiração e/ou (também) à rivalidade.

> É importante compreendermos que, para Wallon (2007, p. 145-46), o ato de imitar apresenta grande complexidade:
>
> Posta em andamento, a imitação está sujeita a uma série de desvios que mostram que, longe de ser o decalque fácil de uma imagem sobre um movimento, tem de abrir passagem, utilizando-os por entre uma massa de hábitos motores e de tendências que, pouco a pouco, vão compondo o fundo de automatismos e de ritmos pessoais que caracterizam a atividade de cada ser e de onde brotam tantos gestos espontâneos na criança.

O autor chama a atenção, ainda, para a importância do ato motor na atividade do brincar. A criança revela tanto os movimentos mais simples, como balançar as pernas, mexer as mãos, tocar determinados objetos e movê-los, quanto aqueles que retratam a dimensão simbólica presente no faz de conta.

Contudo, nas brincadeiras de faz de conta, a interpretação torna-se mais complexa porque não se destaca o *gesto* pelo gesto, mas aquele voltado para o campo representativo. Wallon (2007) indica que, nesse momento, inicia-se o uso de simulacros, ou seja, gestos simbólicos em que a representação, aos poucos, se estabelece.

Na obra *Do ato ao pensamento* (2008), Wallon exemplifica o uso desses simulacros: "Uma (outra) criança de 3 anos e meio brinca de lavar seu urso de pelúcia, mas apenas finge ensaboá-lo. Executa o gesto de pegar o sabão, de agarrar uma garrafa, de tirar a tampa, de esfregar, de enxugar, sem ter nada nas mãos a não ser o urso" (p. 122).

Portanto, é por meio do movimento, dos simulacros que o objeto pode se fazer presente e ser substituído (Galvão, 1995).

Em consonância com esse pensamento, Smith e Sperb (2007), em seus estudos sobre a construção do narrador, complementam que o simulacro pode ser compreendido como a origem do brincar e da narrativa. Ou seja, antes mesmo de contar determinados acontecimentos, de narrar episódios de sua experiência por meio da linguagem, a criança se utiliza de gestos que a remetem à situação vivida. É por sua gestualidade que se apropria e reinventa os signos culturais.

Com relação ao desenho, Wallon (2007) explicita que, inicialmente, a criança imita o gesto de escrever. De fato, os primeiros desenhos realizados por ela são retratados em movimentos imitativos daqueles observados no contato interpessoal (realismo visual). Em seguida, o traçado fica mais convencional e a criança (por demanda própria ou sugerida) atribui significados aos seus registros.

Assim, partindo das complexidades conceituais que integram o ato motor, articulado aos outros campos funcionais da afetividade, da cognição e da constituição da pessoa em si, a vivência corporal é central no desenvolvimento da criança. Como já discutimos, o movimento não é apenas mero deslocamento do corpo em determinado espaço, mas sobretudo um campo funcional do psiquismo humano.

Com base nesses pressupostos, é importante que a escola oportunize às crianças espaços e alternativas em que o corpo seja experimentado em toda sua amplitude (Galvão, 1995; Kishimoto, 2001).

Menezes (2009), em seus estudos sobre a aquisição da leitura e da escrita (mais especificamente sobre a alfabetização), evidencia que a escola, além de ser um dos contextos principais da vida da criança, se caracteriza como um local propício para múltiplas possibilidades de aprendizagem. Entretanto, a autora adverte que, ao contrário do que deveria, a instituição escolar tem, ao longo dos anos, priorizado seus objetivos na aquisição da linguagem escrita, centrando o ensino (apenas) no aspecto cognitivo e negligenciando dimensões constitutivas do ato de escrever. Acerca disso, a autora comenta (2009, p. 1674): "Com a preocupação de eliminar a ação motora durante a aprendizagem, o professor acaba por ignorar um grande atributo do movimento: as emoções".

De modo geral, é central a contribuição que Henri Wallon oferece à educação e, consequentemente, às práticas pedagógicas em sala de aula. A forma como ele argumenta sobre os quatro campos funcionais e, mais enfaticamente, sobre o ato motor revela a importância de observar a criança e seu movimento, ou o corpo/sujeito, com mais atenção e criticidade.

Para o pensamento walloniano, a dicotomia entre corpo e alma inexiste e o movimento da criança é um grande desafio aos educadores. A gestualidade deixa de ser casual, passando a expressão e o deslocamento a ter um significado maior, pois mostram o corpo/sujeito. Sujeito/corpo que corre, pula, brinca, amassa, imita, dança etc.

Assim, tal como Vigotski, Wallon conceitua o gesto como uma esfera de representação. A criança se mostra em sua corporeidade. Interpreta e é interpretada. Ou seja, o corpo é texto! Dessa forma, para compreendermos o simbolismo da escrita padronizada, os gestos representativos (para Vigotski) ou simulacros (para Wallon) precisam ser amplamente explorados na aprendizagem, pois são fundamentais no processo de aquisição de conhecimento, em especial da leitura e da escrita.

Segundo Wallon, no movimento, cognição e afetividade são dimensões interdependentes. Logo, devemos considerar que quem escreve é uma pessoa completa, com desejos, inspirações, medos, inseguranças, e não apenas um aparelho motor formado por determinados elementos e contrações nervosas. O sujeito se revela em seus registros, por meio de seu cenário corporal, em função de condições culturais específicas.

Os estudos sobre o corpo na escola: reflexões sobre a ênfase psicomotricista na aquisição da linguagem escrita

Tradicionalmente, as práticas pedagógicas na educação infantil têm se inspirado nas contribuições da psicomotricidade para fundamentar suas estratégias de ensino que envolvem o corpo.

De acordo com Oliveira (1997), a psicomotricidade surge, em 1920, da medicina – mais especificamente da neurologia – com Ernest Dupré, que a conceitua como a interligação entre o movimento e o pensamento. O pesquisador constatou que havia uma relação entre as anomalias psicológicas e motoras.

De modo geral, apesar das diferentes abordagens e vertentes investigativas, os trabalhos em psicomotricidade se baseiam em quatro eixos básicos de desenvolvimento do sujeito que, articulados, progridem e formam o seu alicerce. São eles: esquema corporal, lateralidade, estruturação espacial e organização temporal.

Meur e Staes (1991), por exemplo, grifam o domínio do gesto, a estruturação e a orientação espaciais como pressupostos elementares à escrita. As autoras defendem que deve haver uma *preparação* do movimento para que a escrita seja apreendida, isto é: "os exercícios de pré-escrita e de grafismo são necessários para a aprendizagem das letras e dos números: sua finalidade é fazer com que a criança atinja o domínio do gesto e do instrumento, a percepção e a compreensão da imagem a reproduzir" (p. 17).

Nessa direção, a linha psicomotora tem privilegiado a prontidão do movimento como fundamental no processo de alfabetização. Para Le Boulch (1988), é necessário um trabalho psicomotor que *prepare* a criança para uma motricidade cada vez mais coordenada e rítmica. Assim, para maior controle da velocidade e da constância do ato motor, a realização de atividades em séries crescentes e decrescentes é central. Nesse contexto, a modelagem, o recorte e a colagem revelam-se essenciais para o desenvolvimento da habilidade motora.

Le Boulch (1988) também elucida a importância da estruturação espaçotemporal para que a criança compreenda a ordem e a sucessão das palavras e das frases. Essa estruturação é necessária para o domínio de uma orientação fixa, que lhe permita decifrar e/ou reproduzir a linguagem escrita.

Percebemos que a psicomotricidade em seus fins educativos tem privilegiado os mecanismos do movimento em si como instrumento auxiliar da aprendizagem, em especial, da escrita. Na esfera educacional, negligencia-se a dimensão simbólica do corpo em prol de sua instrumentalização.

Nessa linha argumentativa, desdobramos alguns questionamentos: que conceito de escrita deve fundamentar o trabalho na escola? A escrita seria um ato meramente motor, em que a criança precisa ser *preparada* com atividades de coordenação motora fina, ou uma experiência simbólica de expressão e representação do mundo que antecede o ato motor mecânico em si? De que forma o corpo da criança media a construção de conhecimento com o universo letrado?

Com base nas contribuições teóricas apresentadas, nosso trabalho sustenta que o corpo não pode ser reduzido ao controle do movimento por uma mecanização da escrita. Em função disso, defendemos a centralidade da participação do corpo nas práticas de letramento. Ou seja, entendendo a criança como produtora de cultura, como ela se expressa e interpreta o mundo por meio do corpo nas atividades *não gráficas* (faz de conta e narrativa) e *gráficas* (desenho e primeiras elaborações de escrita) que caracterizam o letramento?

RELEMBRANDO

Ao analisarmos o corpo ao longo da história, podemos afirmar que ele assume diferentes significados de acordo com cada época. Nesse sentido, muitas áreas do conhecimento buscam compreender a temática do corpo de pontos de vista diversos no campo das ciências naturais e das ciências humanas e sociais.

O corpo não é algo dado, a princípio. Ao contrário, ele se constitui e é constituído nas relações sociais. Desse modo, as marcas da cultura, em determinado tempo, se revelam no corpo.

O corpo também é entendido como um meio semiótico e de comunicação. Tem, portanto, estatuto de signo. Bakhtin explica que todo signo é ideológico, e com o corpo não é diferente: nele se mostram os valores e as crenças de uma sociedade, o que é considerado bonito, aceitável, feio, perfeito e imperfeito. Assim, tal como o autor esclarece, inexiste uma separação entre a consciência e os elementos ideológicos do corpo. Neste, os discursos e as ideologias sociais se concretizam na imagem, na palavra, no gesto etc.

Corpo, atividades criadoras e letramento | 51

Ao buscar compreender a origem do psiquismo humano, Wallon traz grandes contribuições às áreas da Psicologia e da Educação. Ele ressalta a importância de estudar a pessoa completa e afirma haver quatro campos funcionais imbricados no desenvolvimento infantil: afetividade, cognição, ato motor e a própria pessoa. Para esse pensador, o desenvolvimento se dá em estágios, que não acontecem de forma linear, mas em uma constante integração marcada por crises.

Wallon dedica parte de seus estudos a compreender o ato motor, afirmando que nele o movimento se apresenta em duas dimensões: a expressiva e o deslocamento em si.

Estudar e refletir sobre o corpo é fundamental para o trabalho escolar e pedagógico. Na escola, é necessário vivenciar o corpo em toda sua dimensão. No que tange às práticas de letramento, algumas dinâmicas pedagógicas centram-se na prontidão do movimento. Ou seja, baseiam-se na psicomotricidade para que o corpo seja preparado, treinado para a futura escrita. Porém, é necessário considerar as relações entre o corpo e os diferentes processos de significação de que a criança participa. Dessa forma, o corpo, na escola, não pode ser reduzido ao controle do movimento, em que a escrita se resume apenas a uma habilidade mecânica.

SUGESTÃO DE ATIVIDADES

Peça aos seus alunos que recortem de revistas diferentes figuras de pessoas. Depois, em roda, conversem sobre como os corpos se apresentam, sobre o que eles dizem. Questione as crianças acerca do que elas acham das figuras escolhidas e perceba como o julgamento daquilo que é belo, aceito, forte, perfeito etc. já está dado socialmente e é percebido, lido e interpretado pelos pequenos. Discuta essas questões e promova reflexões críticas com as crianças com base em suas falas.

Que tal propor à sua turma uma atividade diferente com as letras e o corpo? Em um primeiro momento, forme duplas. Depois, sugira que elas escrevam com a mão (sem usar tinta) na areia. Em seguida, ainda em duplas, as crianças devem sentar uma de costas para a outra. Aquela que está de costas tentará adivinhar o que o colega está desenhando e/ou escrevendo em suas costas. Depois de cinco tentativas, os alunos trocam de lugar entre si. Ao final, a dupla escolhe o desenho de que mais gostou e desenha no ar para o restante da turma adivinhar.

É interessante pensar na ideia do corpo tecnológico possível de ser transformado, ora por desejos estéticos, ora por questões relacionadas à *performance*. Contudo, se de um lado a tecnologia corporal tem gerado diferentes experiências plásticas e motoras, de outro possibilita às pessoas com deficiência (ou mesmo com doenças crônicas) maior qualidade de vida e inserção nas práticas sociais. Como você, professor(a), compreende esses dois aspectos da tecnologia referentes ao corpo? Para a reflexão, sugerimos os seguintes filmes:

O escafandro e a borboleta (2007)
Diretor: Julian Schnabel • País: França/EUA • Gênero: drama

A pele que habito (2011)
Diretor: Pedro Almodóvar • País: Espanha • Gênero: suspense

Elefante (2003)
Diretor: Gus Van Sant • País: EUA • Gênero: drama

Experimente brincar com sua turma de escrever com a sombra do próprio corpo. Leve para a sala uma lanterna e um lençol (ou pedaço de tecido escuro e comprido) para fazer de cortina. Escolha um aluno por vez (ou forme duplas) para ir ao *palco* e, atrás da cortina, com a lanterna ligada, escrever com o corpo. As demais crianças devem adivinhar o que está sendo representado.

3

Corpo e processos de letramento: focalizando as atividades criadoras (o faz de conta e a narrativa)

Introdução

Neste capítulo, focalizaremos como o corpo participa das práticas de letramento muito antes de os pequenos segurarem o lápis para escrever as primeiras letras. Utilizando situações de faz de conta e de narrativas, discutiremos os diferentes modos de expressão e representação produzidos pelas crianças e como toda essa complexa atividade criadora se relaciona com o letramento. O objetivo é identificar, por meio das palavras, dos gestos e da expressão corporal, como as crianças efetuam *leituras e escritas* sobre o real em uma dimensão *não gráfica*.

É importante esclarecermos que os episódios foram coletados em uma escola pública de educação infantil do Distrito Federal (ano 2011). A sala de aula investigada era composta por 26 alunos, com idade entre 4 e 5 anos.

O motivo de escolhermos essa faixa etária relaciona-se ao momento inicial de aquisição da escrita, no qual as crianças estão realizando suas primeiras elaborações sobre para que, para quem e por que escrever, mas (ainda)

Este capítulo propõe:
- Problematizar as diferentes formas de ler e escrever da produção infantil configuradas no período anterior da escrita formal.
- Identificar como o corpo participa das práticas de letramento na educação infantil, observando as atividades criadoras infantis.
- Demonstrar que a criança revela modos de compreender a realidade por meio das brincadeiras e narrativas que cria.

não estão no processo formal da alfabetização. Ou seja, os pequenos participam de situações de letramento como contação de histórias, desenho, produção de narrativas, exploração do prenome (em diferentes situações cotidianas), uso de gêneros textuais diversificados etc., porém ainda não se apropriaram da linguagem escrita de forma sistematizada.

Desse modo, os dados coletados[2], durante um semestre, objetivaram observar, anotar e motivar as experiências em que o corpo era o protagonista das atividades. Para tanto, foram registrados os momentos das narrativas e brincadeiras vivenciadas pelas crianças, que denominamos de situações não *gráficas* de letramento.

A mediação do corpo nas experiências *não gráficas* de letramento na interação criança-criança e adulto-criança

Para analisar a participação do corpo nos processos de letramento, foi feito um trabalho minucioso sobre o material encontrado no campo, evidenciando a participação ativa das crianças e da professora da turma pesquisada.

Esse estudo procurou ampliar o debate acerca da centralidade do corpo no espaço escolar, em especial nas dinâmicas pedagógicas que envolvem o processo de letramento.

Os episódios apresentados, como vocês poderão notar, são simples e bastante comuns no cotidiano da escola. Buscamos destacar, entretanto, o modo como o corpo protagoniza situações lúdicas corriqueiras (muitas vezes pouco prestigiadas) na escola, evidenciando processos de simbolização complexos emergentes no desenvolvimento infantil.

Estruturadas em forma de episódios, as análises apresentadas não pretendem esgotar as interpretações das situações expostas a seguir:

---

2. Todos os episódios e análises apresentados nos Capítulos 3, 4 e 5 advêm da dissertação de mestrado defendida por Marina Teixeira Mendes de Souza Costa (2012), sob a orientação da professora doutora Daniele Nunes Henrique Silva, no Programa de Pós-Graduação em Processos de Desenvolvimento Humano e Saúde, Instituto de Psicologia, Universidade de Brasília (UnB).

O faz de conta

Episódio 1 – As vacas

As crianças estão no parque.
Cris e Melissa engatinham embaixo do trepa-trepa e conversam entre si. De repente, Cris para e senta no chão. Melissa também para, porém continua com a palma das mãos e os joelhos sobre o chão.
As duas discutem sobre o que representarão na brincadeira. O áudio não registra a negociação. Logo, a pesquisadora pergunta:
– *Cris, você vai ser quem?*
– *A vaca* – *responde, virando o corpo em direção à pesquisadora.*
Em seguida, ela volta para a posição de engatinhar, balançando o corpo para a frente e para trás. Então, se desloca para um brinquedo de ferro que está à sua frente. Melissa, imitando Cris, acompanha a colega.
Nesse mesmo instante, Andrea pula ao lado de Cris e Melissa, imitando o movimento da vaca.
Luiz observa as três colegas e entra na brincadeira se colocando atrás das "vacas", como se quisesse assustá-las. Ele grita e sai correndo:
– *Uuuuuu!*
Cris e Melissa engatinham em direção ao colega, que continua a correr. (Elas permanecem representando as vacas.)
Andrea, por um momento, deixa de ser "vaca". Ela se levanta e tenta pegar o amigo correndo.
Luiz se joga no chão (perto do trepa-trepa) e avisa:
– *Eu tô dormindo...*
Andrea coloca a mão na barra, debaixo do trepa-trepa, e se aproxima de Luiz. Cris e Melissa, ainda imitando as vacas, ficam bem próximas do ouvido de Luiz, emitindo o som da vaca.
– *Muuuuuuuu!!! Muuuuuuuuuuuu!*
Cris permanece com os joelhos no chão e, em vez da palma das mãos, apoia os cotovelos no chão do parque. Melissa deita no chão (para ficar bem perto do ouvido do colega). Ambas repetem próximas de Luiz:
– *Muuuuuuuuuu! Muuuuuuuuuu!*
Andrea, com os joelhos e a palma das mãos no chão, também emitindo o som da vaca, brinca com Luiz.

Episódio 2 – O velho e o saci

As crianças estão no parque. Luiz aparece segurando um pau, como se fosse uma bengala. O aluno diz (com as costas encurvadas):
– Eu era um velhinho!
Logo depois, Luiz sai pulando em um pé só, batendo a bengala no chão. Cris (que está debruçada sobre o brinquedo de ferro, próxima do colega) grita:
– Olha! O Saci-Pererê!

◐ ◐ ◐

Os episódios apresentados ocorreram no momento em que a turma estava no horário de brincadeira na casinha de boneca e no parque. Nessas situações, as crianças se dividiram entre os dois espaços de forma bastante dinâmica. A depender do interesse e do grupo que estavam formando, elas inventavam e reinventavam suas brincadeiras.

A professora disponibilizou uma caixa com diversos brinquedos. As brincadeiras aconteceram livremente, sem direcionamento prévio. Todavia, a professora intervinha quando surgia algum desentendimento.

No Episódio 1, Cris e Melissa (com joelhos, palma das mãos e pés encostados no chão) negociam o papel do faz de conta. Ao ser questionada pela pesquisadora sobre qual seria sua representação, Cris afirma que seria uma vaca. Melissa acompanha a sugestão da colega, e ambas começam a brincar juntas.

É importante ressaltarmos que Cris e Melissa nomeiam seu personagem para o outro (a pesquisadora), mas o elemento que configura a assunção do personagem é definido pelo corpo. Ou seja, a forma como o corpo se posiciona e se locomove, emitindo um som específico, é o que caracteriza a vaca. Na elaboração do enredo fantástico, o entrelaçamento desses três elementos – corpo, som e movimento – constrói o acontecimento imaginativo das meninas.

Vale destacar como Luiz se aproxima da brincadeira. Ele: *"[...] observa as três colegas [...] se colocando atrás das vacas, como se quisesse assustá-las. Ele grita e sai correndo: – Uuuuuu!"*

De fato, Luiz *lê* a situação lúdica, identificando a brincadeira que está em andamento. Ele não deixa definido o seu papel (seja pelo corpo seja pela enunciação), o que dificulta parte da análise do episódio. Contudo, o que nos interessa aqui é que a sua ação se direciona para uma efetiva participação na brincadeira. Ou seja, ele assusta as "vacas", busca dispersá-las. As meninas entendem isso e respondem à situação lúdica apresentada pelo colega.

Conforme estudado por Rocha (2000) e Silva (2012), a representação de papéis envolve: palavras, *composição corporal* e recursos expressivos específicos elaborados pela criança. A brincadeira requer uma complexidade de elementos articulados e compostos que, juntos, configuram o cenário imaginativo criado.

Contudo, além disso, conforme destacado no Episódio 1, o corpo é suporte central de materialização do acontecimento lúdico, pois evidencia o posicionamento da criança diante da atribuição de sentido ao faz de conta. Não é qualquer postura do corpo que caracteriza uma vaca. As meninas sabem disso! Elas querem expressar isso para si e para o outro (seja um parceiro da brincadeira seja um contemplador externo).

Andrea, entrando na brincadeira, imita suas amigas, fazendo de conta que é outra vaca. Entretanto, o susto de Luiz muda a condição de Andrea no jogo; ela sai da posição de vaca e corre atrás do colega. Pode-se inferir que Andrea percebe que, como vaca, não terá como alcançar Luiz e, por isso, precisa *descartar* o papel anteriormente assumido.

Logo que Andrea corre, Luiz se joga no chão e avisa que está dormindo... Ao perceber que Andrea pode pegá-lo, o menino muda o rumo da brincadeira e "dorme" (deita no chão). Cris e Melissa (ainda como vacas) se aproximam de Luiz. Andrea retorna ao faz de conta e "vira vaca" novamente (corpo na posição de engatinhar).

Nas mudanças de papéis, entradas e saídas da brincadeira de como representar uma vaca, as meninas não nomeiam para si do que estão brincando. Andrea não avisa que não é mais vaca. É o corpo que revela!

Nesses termos, o agir no corpo apresenta-se como fundamental para o desenvolvimento do jogo simbólico. Ou seja, não se trata apenas da enunciação verbal, mas o corpo é, também, demarcador do lúdico. Corpo, enunciação e movimento encontram-se interligados nas atividades criadoras das crianças.

Souza e Silva (2010), em sua pesquisa sobre como as crianças surdas usam os recursos simbólicos na configuração dos papéis assumidos no faz de conta, destacam o corpo como elemento central na composição das cenas lúdicas. As autoras constatam que a criança, no início da aprendizagem da língua de sinais, não anuncia a assunção de papéis como é comum à criança ouvinte. Souza e Silva evidenciam que os processos de simbolização envolvidos nas brincadeiras são estruturados por meio do corpo, dos gestos, da Língua Brasileira de Sinais (Libras) e dos objetos (pivô) utilizados na atividade lúdica.

> A Lei n. 10.436, de 24 de abril de 2002, dispõe:
>
> Art. 1º: É reconhecida como meio legal de comunicação e expressão a Língua Brasileira de Sinais – Libras e outros recursos de expressão a ela associados.
> Parágrafo único. Entende-se como Língua Brasileira de Sinais – Libras a forma de comunicação e expressão em que o sistema linguístico de natureza visual-motora, com estrutura gramatical própria, constitui um sistema linguístico de transmissão de ideias e fatos, oriundos de comunidades de pessoas surdas do Brasil.
>
> (Fonte: http://www.planalto.gov.br/ccivil_03/leis/2002/l10436.htm.)

Desse modo, a articulação entre o corpo e a língua de sinais, no caso de crianças surdas, é dimensão central para a composição do brincar, tornando-se essencial para: "a) ampliação do espaço lúdico-interativo; b) composição da própria cena lúdica (interpretação do outro que brinca; e c) interpretação do espectador sobre a brincadeira" (Souza e Silva, 2010, p. 710).

Essas colocações desdobram-se na análise dos complexos processos simbólicos envolvidos no brincar, em especial na composição *de leitura e escrita (não gráficas)* do mundo efetuada pelos pequenos.

O estudo do brincar da criança surda exemplifica uma problemática que está imersa nas questões do desenvolvimento infantil. Por meio dele, focalizam-se os aspectos referentes à relação entre pensamento e linguagem: os processos de abstração e generalização (significação).

Em síntese, "o corpo e seus gestos formam parte constitutiva da brincadeira, permitindo a interpretação de quem brinca (personagem em interação), do que se brinca, como se brinca e para quem se brinca" (Souza e Silva, 2010, p. 711).

No Episódio 2, percebemos que o pau encontrado por Luiz no parque se configura como o objeto-pivô da brincadeira. Pode-se deduzir que o pau tenha se transformado em bengala porque o corpo, a enunciação e o objeto se complementaram no faz de conta. A criança verbaliza ser um velhinho, mas é na projeção do corpo para a frente, ou seja, na ação de curvar as costas e na forma como ela segura o objeto, que o papel é composto.

Conforme elucidado no Capítulo 1, os gestos representativos permitem que o corpo curvado configure a representação lúdica. Todavia, tais gestos, isolados, não são suficientes para compor o personagem. Afinal, um corpo curvado pode ser, no faz de conta, diferentes personagens.

Tudo ocorre muito rapidamente.

No cotidiano escolar, observamos que, muitas vezes, as crianças transitam entre os personagens sem que sejam notadas. Entretanto, um aspecto merece atenção na análise desse episódio: a relação entre a gestualidade e o objeto-pivô no desenvolvimento da brincadeira.

Leontiev (1992) comenta que o brincar envolve a ação e a operação lúdica. A ação refere-se ao objetivo para o qual ela se direciona. No que respeita à operação lúdica, a motivação não está no resultado, mas em como se dá a brincadeira (o processo).

A criança necessita/deseja participar tanto dos objetos que a circundam quanto do mundo adulto que ela vivencia e observa. Por exemplo, ela quer montar um cavalo, ação que não faz no dia a dia. Ela pode não saber como fazer, mas, por meio "de um tipo de substituição, um objeto pertencente ao mundo dos objetos diretamente acessíveis a ela toma o lugar do cavalo em suas brincadeiras" (Leontiev, 1992, p. 125).

Em uma situação imaginária, a criança, ao transformar uma vara em um cavalo de pau, reconhece o objeto, suas propriedades e a maneira possível de usá-lo. Daí resulta a transformação da vara em um cavalo (mediação do instrumento, objeto-pivô e mudança na relação entre sentido e significado), o que adquire um sentido lúdico para a criança. Dessa forma, a relação entre o sentido e o significado muda ao longo da brincadeira.

> Leontiev (1992, p. 128) afirma:
>
> A ruptura entre o sentido e o significado de um objeto no brinquedo não é dada antecipadamente, como um pré-requisito da brincadeira, mas surge na verdade no próprio processo de brincar. Isso é demonstrado pelo fato indubitável, experimentalmente estabelecido, de que uma criança não imagina uma situação de brinquedo quando ela não está brincando.

Entretanto, Leontiev (1992) alerta que, quando a criança brinca, ela realiza uma ação generalizada, isto é, ao imitar um motorista, por exemplo, ela o representa em suas ações gerais, mesmo que tenha visto apenas um. Por essa razão, para a criança, o motivo não é reproduzir tal e qual a pessoa em si, mas as próprias ações como generalizadas. No caso exemplificado, as ações comuns de guiar um carro.

Como a ação lúdica implica processos de generalização, os modos de agir e as condições objetivas do jogo podem ser modificados de forma ampla. No entanto, a operação lúdica é sempre subordinada à ação. Assim, os limites dessas modificações não são infinitos. Conforme o autor enfatiza, nem tudo pode ser tudo.

Ou seja, dependendo do que a criança deseja representar, a ação lúdica não é mais possível. Por exemplo, quando ela tem uma bola na mão e quer representá-la como um médico caminhando para atender um paciente ou ir até a farmácia. Segundo Leontiev (1992), a criança consegue realizar essa ação com um lápis, um palito, uma vara. Todavia, falta no movimento da bola a configuração peculiar do "andar", o que impossibilita sua representação. O autor conclui: "Portanto, nem todo objeto pode representar qualquer papel na brincadeira, ou mesmo brinquedos podem desempenhar diferentes funções, dependendo de seu caráter, e participar diferentemente da estrutura do jogo" (p. 131).

Assim, podemos perceber que surgem novas experiências e comportamentos. A brincadeira, então, permite à criança criar-se e recriar-se, ampliando sua experiência sensível e cognoscitiva (Vigotski, 2009).

No caso específico do episódio citado, outro elemento merece destaque: a participação do corpo na enunciação e na composição de papéis.

Luiz, após a enunciação de seu personagem ("– *Eu era um velhinho!*"), sai pulando em um pé só pelo parque emborrachado. A cada pulo que dá, bate a "bengala" no chão. Cris, ao observá-lo, *interpreta a escrita* do corpo de Luiz e grita: "– *Olha! O Saci-Pererê!*" O fato de Luiz pular em um pé só remete Cris ao Saci. A organização corporal na configuração desse personagem é oposta ao velhinho com o corpo curvado (inicialmente anunciado por Luiz). Ou seja, o corpo na composição da cena lúdica se opõe ao que havia sido enunciado. Essa situação traz implicações interessantes sobre a relação entre corpo, fala e composição de momentos lúdicos no desenvolvimento infantil.

Em síntese, podemos afirmar que não é só o objeto que precisa se adequar à brincadeira, mas o corpo também se transforma. Constatamos, então, que tanto o objeto-pivô quanto o corpo realizam a mudança de significado. O corpo é organizado conforme o que a criança deseja representar, compondo uma *leitura e escrita (não gráficas)* da ação lúdica.

A criança escreve e lê corporalmente aquilo que faz parte de seu repertório, de suas experiências com a cultura. Os papéis representados no Episódio 2 retratam a múltipla variedade em que as histórias acontecem. Foi por meio do faz de conta, da trama narrada não só pela linguagem mas principalmente pelo corpo, que as crianças evidenciaram suas escritas *não gráficas* sobre o real.

Kishimoto (2001), em seus estudos sobre a educação infantil, também aponta o corpo como elemento essencial para o desenvolvimento da criança. A autora adverte: "Não se pode pensar em desenvolvimento integral da criança sem incorporar o corpo. A educação infantil esqueceu que o corpo é o primeiro brinquedo. Não só na perspectiva de jogo de exercício, mas de representação de brincadeiras pelo movimento" (p. 9).

É importante que a criança tenha oportunidades de expressão desse corpo, das marcas da cultura a que pertence e de si mesma. A autora complementa que os espaços e os brinquedos na educação infantil precisam estar organizados e disponibilizados a fim de ampliar a atuação corporal. Isto é, a representação na brincadeira de faz de conta torna-se proveitosa quando os elementos disponíveis à criança permitem uma experiência com o ambiente completa.

Gonçalves (2007), em sua pesquisa sobre representação e compreensão do corpo em diferentes espaços-tempos da infância, afirma que "o corpo da criança se 'transforma' nas interações que estabelece através das atividades de jogo simbólico e do jogo dramático" (p. 88). Para ela, a construção dos personagens escolhidos na representação permite à criança vivenciar um corpo diverso, que se move diferentemente e se estrutura de outra forma. Isso só é possível porque a criança incorpora (generalização) e representa mentalmente (abstração) o papel que deseja compor na brincadeira.

A seguir, veremos o episódio da narrativa, outra atividade criadora *não gráfica* produzida pela criança, e focalizaremos a participação do corpo.

A narrativa

Episódio 3 – O leão e o elefante

As crianças e a pesquisadora estão sentadas em roda na sala de aula. A câmera permanece em um tripé na maior parte do tempo, estando algumas vezes em posse da professora regente.

Os alunos participaram da construção coletiva de uma história baseada no filme O circo, *de Charles Chaplin, a que a turma já assistira.*

A pesquisadora explica que o tema da história é livre e os alunos serão os autores. Além disso, remetendo-se ao filme, ela os indaga sobre as particularidades do cinema mudo. A turma conversa que, nesse tipo de filme, o corpo demonstra o que está sendo dito e interpretado.

A pesquisadora contextualiza; relembra às crianças do que se tratava o filme. Logo depois de dialogarem sobre o enredo, ela lhes propõe refletir sobre o tema da história que eles vão criar.

Sônia comenta que a história deve ser sobre palhaços.
Orlando sugere o tema dos leões. Várias crianças citam diversos animais, remetendo-se às diferentes cenas do filme.
Depois da discussão, os animais se estabelecem como o tema da história que será construída pelas crianças.
A pesquisadora pergunta:
– Como a gente vai trazer os animais pra cá? Como a gente vai fazer um filme sobre animais se não tem animal aqui?
Paulo responde:
– Ué! Finge que a gente é!
E assim, por meio da mediação da pesquisadora, a turma negocia em que local ocorrerá a história que narram. Os alunos decidem que será na selva, num dia de sol. Logo depois, elas afirmam que os bichos estarão acordados, com exceção do leão.
A pesquisadora questiona os alunos sobre que animais vivem na selva, e as crianças citam os animais que conhecem: cachorro, tubarão, elefante etc.
Orlando, por exemplo, agachado no chão, levanta, faz um círculo usando as duas mãos para fora do eixo central do corpo e grita:
– Tooooooodos os animais!
Cris se ajoelha e gesticula, mostrando nos dedos os animais citados, como se os enumerasse:
– Elefante, girafa...
Orlando realiza o mesmo movimento que Cris fez com os dedos e continua:
– Tubarão, baleia, tigre...
Em seguida, as crianças pensam sobre quem será o leão quando a história for dramatizada (atividade posterior).
Muitos alunos querem "ser" o leão.
Referindo-se ao fato de Melissa desejar ser leão, apesar de ser menina, Orlando diz:
– Ah! Leão-mãe.
As crianças, então, engatinham no centro da roda.
A pesquisadora explica que se todos quiserem ser "leão" não haverá outros animais na selva.

Orlando contesta e grita:
– Peeeeeraí!
E prossegue:
– Tem leão-mãe, leão-pai, tem leão-filho – diz, ajoelhado e apontando com a mão cada vez que cita um animal, como se os estivesse enumerando.
Cris observa e faz igual, como se contasse o número de animais.
De repente, Orlando vira-se para Cris, inclina seu corpo em direção à colega, abre os braços como se fosse atacá-la e abaixa em um movimento rápido. Enquanto isso, Cris, que também está ajoelhada, dobra os dedos e move-os feito garras, sorrindo para Orlando. Nesse momento, os dois "brincam" de leão.
A pesquisadora frisa para as crianças:
– Gente! Olha só, o Orlando tá falando que tem o leão-pai, e o leão-mãe, que é a leoa, tá, Orlando?
Cris continua a dizer, batendo palmas:
– E a leoa-filha.
Frederico, que está ao lado da pesquisadora, começa a andar ajoelhado e logo depois coloca os braços para cima, mexendo os dedos das mãos como se fossem garras. Ele imita o leão.
Fabrício, voltando para a narrativa, discorda:
– Eu sou o leão, o pai é o leão. Não é leoa...
Desse modo, a turma segue compondo sua história e organizando a futura dramatização.
[...]
A pesquisadora indaga:
– E agora, gente? Quem acorda o leão?
– Aí o bicho acordou o leão – fala Luiz.
– Legal! Que bicho? Tem vários! – pergunta a pesquisadora.
Muitos alunos respondem ao mesmo tempo.
– A girafa – diz Fabiana.
– O elefante – sugere Alexandre.
– Não, a onça! – diz Fabrício.
– O urso! – fala Sueli.
Os alunos discordam entre si, até que a escolha do elefante sobressai. Assim, continua a história...

– *O elefante acorda o leão...* – contextualiza a pesquisadora.
Cris levanta a mão dizendo que será o leão. Antônio faz o mesmo. Os alunos se agitam, continuando a falar ao mesmo tempo.
A pesquisadora prossegue:
– *O elefante vai acordar o leão. Como é que o elefante... Alexandre, você, que disse que o elefante vai acordar o leão, quer ser o elefante?*
Enquanto isso, Frederico estende o braço para a frente e começa a movimentá-lo, como se fosse a tromba do elefante.
[...]

◀ ◀ ◀

Em um primeiro instante, notamos que, ao pensarem sobre as possibilidades do tema a ser narrado, as crianças falam acerca de situações baseadas naquilo a que assistiram. Sônia, por exemplo, sugere que a história seja sobre palhaços e Orlando sobre o leão. A opção de Orlando prevalece e, a partir daí, as crianças pensam outros diferentes animais que conhecem.

Como a proposta é realizar uma dramatização posterior, a pesquisadora problematiza como os animais serão trazidos para a sala de aula. Paulo diz: "*Ué, finge que a gente é!*"

Posteriormente, por mediação da pesquisadora, há uma negociação entre as crianças sobre o lugar da história. Elas se mostram bastante participativas e opinam, muitas vezes falando ao mesmo tempo. Assim que escolhem a selva como espaço em que se desenrolará a narrativa, a turma elabora os possíveis acontecimentos. A história inicia-se com todos os bichos acordados e o leão dormindo.

A pesquisadora, então, questiona os alunos sobre os animais que habitam a selva e as crianças respondem entusiasmadas. Observamos que a narrativa vai sendo elaborada por meio da articulação entre a fala e o corpo. Percebam que Orlando, bastante participativo, projeta as mãos à frente do corpo e exclama, ao ser indagado pela professora a respeito dos animais que vivem na selva: "*Toooooooodos os animais!*" O mesmo acontece com Cris, que repete o nome de alguns animais e gesticula com os dedos das mãos, como se os enumerasse.

Wallon (2007, 2008) ressalta, conforme discutido no Capítulo 2, que nos estágios sensório-motor e projetivo (aproximadamente entre 1 e 3 anos de idade) a criança expressa uma ideia projetando-se no ato motor. Isso, contudo, não quer dizer que na etapa personalista (característica da faixa etária estudada) não exista mais essa necessidade, pois para esse pesquisador os estágios são descontínuos e não lineares. De fato, na sucessão de estágios alternam-se as atividades e os interesses da criança.

O autor aponta que a criança não consegue imaginar uma situação desvinculada da gestualidade. O gesto é anterior à palavra e posteriormente ambos se entrelaçam com maior ou menor intensidade ao longo do desenvolvimento. A linguagem, por exemplo, manifesta-se para além das palavras faladas.

Wallon (2007, p. 157) explica:

> Como os mecanismos da ação são ativados antes dos da reflexão, quando quer imaginar uma situação não consegue fazê-lo se antes não se envolver de alguma forma com ela por meio de seus gestos. O gesto precede a palavra, depois vem acompanhado dela, antes mesmo de acompanhá-la, para finalmente fundir-se em maior ou menor medida a ela.

O autor esclarece que a criança não imagina sem encenar. Ela não separa o espaço que a circunda dela mesma, campo tanto de seus movimentos como de suas narrativas. É por meio de suas atitudes e expressões que ela realiza o teatro daquilo que lembra, fazendo presente aquilo que evoca.

> Caso tenha um verdadeiro interlocutor, é ele que a criança parece querer avivar, apropriar-se de sua presença por seus gestos, por suas interjeições repetidas. Ao mesmo tempo, nada é evocado sem ser contado, é como se a enunciação de circunstâncias concretas fosse necessária para a evocação. Muitas vezes, aliás, sob o peso delas, o fio da narrativa se rompe ou toma outro caminho. (Wallon, 2007, p. 158)

Galvão (1995) explica que, paulatinamente, a criança diminui o apoio ao gesto para completar seu pensamento. Isso significa que os gestos ficam cada vez mais objetivos. Todavia, a dimensão expressiva, ou seja, o elemento subjetivo, caracteriza-se como predominante na motricidade infantil.

Assim, as palavras podem ser as mesmas, mas a forma *como* são proferidas é diferente para cada um. Em Orlando e Melissa observa-se como o corpo se organiza para configurar a narrativa, compondo seu processo imaginativo.

Essa relação corpo-narrativa também pode ser observada ao final do episódio, quando as crianças estão discutindo sobre o elefante e Frederico coloca um dos braços à frente, imitando a tromba.

As crianças, ao incorporarem personagens durante a narrativa, movimentam-se como leão ou elefante. Esses elementos plasmados no corpo indicam a percepção que elas têm do real.

> Para Wallon (2008, p. 124-25), a relação entre o movimento e a representação é uma das características da imitação:
>
> As etapas sucessivas da imitação correspondem, portanto, com toda exatidão, ao momento em que a representação que não existia deve chegar a ser formulada. Elas obrigam a reconhecer um estado do movimento, em que este deixa de confundir-se com as reações imediatas e práticas que as circunstâncias fazem surgir de seus automatismos, e um estado da representação, em que o movimento a contém já antes de ela saber traduzir-se em imagem ou explicitar os traços de que deveria ser composta.

Wallon (2008) aponta que os atos de imitação e simulacros são essenciais à representação. É por meio deles que o objeto é substituído de diferentes maneiras. Pela ação, por exemplo, os simulacros estão ligados diretamente ao objeto ausente. O autor enfatiza: "O simulacro é aquilo que realiza a representação na medida em que esta se forma ao lado do objeto ou, o mais das vezes, em participação com ele" (p. 178).

Fundamentada na teoria de Wallon, Smith (2006), em sua pesquisa sobre como as crianças elaboram sua narrativa, elege o narrar como atividade essencial para a organização da experiência infantil. De fato, a produção de narrativas possibilita diferenciar espaços, tempos, realidades, personagens etc., oportunizando aproximações e afastamentos daquilo que é real, convencional, lógico, enriquecendo o processo imaginativo. A autora destaca que o uso das narrativas em seu estudo foi maior quando as crianças estavam envolvidas em outras atividades criativas, tais como desenho, pintura, recorte, colagem e brincadeira.

Essa situação confirma um desdobramento analítico do episódio – especialmente em função da intrigante relação entre faz de conta e narrativa identificada na interação lúdica entre Orlando e Cris durante a elaboração da história.

Destacamos, no começo do episódio, que as crianças compõem diversas possibilidades de personagens. Enquanto a discussão prossegue, Orlando e Cris começam uma brincadeira atrelada à narrativa. O menino projeta o corpo com os dois braços abertos em direção à Cris, como se quisesse atacá-la. Cris, na sequência, faz dos seus dedos garras e sorri para Orlando, como se estivesse aceitando a ação do colega.

Essa cena é muito rápida e poderia ter passado despercebida pela pesquisadora ou pela professora. Entretanto, a videogravação permitiu o registro, colocando em destaque as relações complexas emergentes nos processos criativos infantis.

De fato, as atividades criadoras em geral são estudadas separadamente. Ou seja, na literatura existem investigações sobre o faz de conta (Gosso, Morais e Otta, 2006), a narrativa (Gouvea, 2007) e o desenho (Gobbi, 2009) da criança. No entanto, são escassos os estudos sobre as relações entre essas atividades e como elas configuram o funcionamento imaginativo. No episódio apresentado, por exemplo, a narrativa e o faz de conta se entrelaçam. Ou seja, ao mesmo tempo que a criança narra, ela brinca.

O faz de conta se configura como uma atividade amalgamada à narrativa. Isso revela que, apesar de diferentes em seu funcionamento, as fronteiras que separam as ações criadoras são muito tênues. O narrar, o brincar e o desenhar (como veremos adiante) permitem que a criança transite em diversificados tempos/espaços, no encontro entre virtualidade e realidade. Em ambos os processos, o corpo participa de forma central como atividade de letramento e, portanto, de criação.

RELEMBRANDO

> ◖ Antes mesmo de a criança pegar no lápis para escrever, ela realiza *leituras* e *escritas* sobre o real. Nesse aspecto, o corpo se revela como suporte central das atividades criadoras na infância.

> ◖ Ao refletirmos sobre as experiências não *gráficas* (faz de conta e narrativa), percebemos a participação central do corpo. No processo de composição das situações inventadas pela criança, revelam-se modos de pensar e sentir o mundo da cultura. Isso significa dizer que a criança não somente reproduz a cultura, mas efetua reinvenções criativas.

> ◖ O faz de conta não é fortuito. Ao contrário, os papéis representados na brincadeira exigem dos pequenos uma composição corporal, palavras e recursos expressivos específicos. Nesse sentido, não basta que a criança enuncie o que representará. A enunciação, o corpo, os recursos expressivos (de modo geral) etc. se entrelaçam para a composição da cena lúdica. O corpo brinca.

> ◖ Muitas vezes, narrativa e faz de conta se interligam e se complementam na atividade criadora infantil. Todo esse processo de simbolização, característico da atividade criadora da criança, será de extrema importância para a compreensão do processo de aquisição da escrita.

SUGESTÃO DE ATIVIDADES

Organize sua sala de aula de forma que libere um espaço razoável para que as crianças brinquem. Se for possível, leve seus alunos para um lugar aberto da escola. Disponibilize blocos de madeira, brinquedos de encaixe etc. e observe como eles brincam. Avise as crianças que será um dia especial, pois elas serão filmadas. Perceba em que os objetos se transformarão e como o corpo participará na composição das cenas lúdicas. Depois, mostre o vídeo às crianças e reflita com elas sobre o tema do corpo na ação lúdica. Você verá muitas *escritas* e *leituras* sobre o real, tanto daquele que brinca quanto daquele que observa a brincadeira.

B Escolha um livro de que você goste muito e conte a história a seus alunos. Logo depois, peça às crianças que reinventem o final. Registre em uma folha de papel pardo e, depois, peça à turma que dramatize.

C Divida a turma em pequenos grupos e sugira a cada um criar sua história. Deixe que por alguns minutos as crianças conversem entre si sobre o tema que desejam abordar. Observe como elas negociam o enredo da história e a forma como elaboram as narrativas. Ao final, peça a cada grupo que conte a história inventada ao restante da turma.

Corpo e processos de letramento: focalizando as atividades criadoras (o desenho e a escrita)

Introdução

Neste capítulo, abordaremos outras experiências da criança no que tange ao papel do corpo nas práticas de letramento. Anteriormente, discutimos as situações *não gráficas*, em que o faz de conta e a narrativa foram evidenciados. Aqui, exploraremos as situações *gráficas* propriamente ditas, que envolvem o desenho e as primeiras elaborações de escrita realizadas pelos pequenos.

Três episódios serão discutidos e, em cada contexto, o corpo assumirá lugar específico. Isto é, para desenhar e/ou escrever, o corpo/sujeito se organiza de determinada maneira, de um modo diferente daquele estruturado para o brincar e/ou o narrar.

Poderemos notar, ainda, que as atividades *não gráficas* e *gráficas* se interligam e se complementam. O faz de conta, a narrativa, o desenho e as primeiras elabora-

> **Este capítulo propõe:**
> - Explorar o conceito de letramento com base em situações *gráficas* (desenho e as primeiras elaborações de escrita realizadas pelos pequenos) e o papel do corpo no processo de simbolização da criança.
> - Identificar as semelhanças e as diferenças segundo as quais o corpo se expressa nas atividades *não gráficas* e *gráficas* de letramento.
> - Discutir aspectos do funcionamento simbólico da criança pequena, com destaque para as situações que emergem na sala de aula nas interações aluno-aluno e aluno-pesquisadora.

ções de escrita não se caracterizam como atividades estanques e separadas no desenvolvimento infantil. Por isso, destacamos a importância de estudá-las em conjunto, dimensões que compõem os processos de simbolização na ontogênese.

A mediação do corpo nas experiências *gráficas* de letramento na interação criança-criança e adulto-criança

O desenho

Episódio 4 – As bombinhas

As crianças estão em sala de aula e a professora regente propõe que elas façam um desenho livre, ou seja, sem direcionamento prévio.

Os ajudantes do dia colocam um pote com giz de cera em cada mesa para quatro crianças. Em seguida, a professora entrega uma folha branca a cada aluno.

A turma começa a desenhar.

[...]

A pesquisadora, portando a filmadora, observa que Erick parece ter terminado o desenho, pois está sem nenhum giz de cera nas mãos.

Ele levanta seu desenho para a câmera e diz, sorrindo:

– Tchan, tchan!

A pesquisadora pergunta a Erick o que ele desenhou.

O aluno responde apontando cada parte de seu desenho:

– Eu fazi: o chão, o céu, o cavalo, você e eu ajoelhado.

A pesquisadora indaga:

– Por que você está ajoelhado?

Erick explica:

– Ah, é só uma brincadeirinha que eu faço com o meu pai.

– Como é essa brincadeira? – insiste a pesquisadora.

– Assim, ó... Psi! Psi! (Ao fazer o som "psi", passa a mão rente à cabeça.) – responde Erick, representando com o corpo os elementos registrados no desenho.

A pesquisadora pergunta:
– Mas como é essa brincadeira, Erick?
Erick continua, repetindo o movimento da mão passando rapidamente rente à cabeça:
– É como se fosse uma nave atirando assim: "Psi! Psi!"
A pesquisadora questiona:
– E por que fica ajoelhado?
Erick passa novamente a mão sobre a cabeça, emitindo o som "Psi!". Em seguida, inclina o corpo para a esquerda, como se estivesse fugindo de algo que "sai do papel". Ele diz:
– É como se fosse umas bombinhas!
E repete:
– Ajoelhado.
– *Ah! Surpresa com o desenho do menino, a pesquisadora exclama:*
[...]
Logo que todos terminam a atividade, a pesquisadora caminha na sala para conversar com as crianças sobre suas produções. Ela passa na mesa de Erick e, curiosa para ver como ficou seu desenho, indaga:
– E você, Erick?
Erick, nomeando diferentes partes do desenho com um lápis na mão (como havia feito antes), fala:
– Eu fiz você grudada em eu. Eu fiz as bombinhas, que as bombinhas que destroem o seu chapéu um pouquinho... um pouquinho rasgado.
A pesquisadora não compreende e pergunta:
– Não entendi, Erick. Não entendi o que você falou.
Erick, apontando novamente com o lápis para cada parte de seu desenho, repete em tom baixo:
– Essas, essas aqui são as bombinhas... Esse aqui sou eu e essas aqui são as bombinhas quicando.
A pesquisadora pergunta:
– E o que a gente está fazendo?
Erick responde, arrastando o lápis na horizontal sobre a mesa, para cima e para baixo:
– Nós tamos assim, gravando uma brincadeira.

A pesquisadora, atenta à explicação, mostra-se surpresa com a resposta do aluno:
– Ah!!
Erick prossegue, apontando para as bombas representadas por pontos no papel que, agora, apareciam com mais frequência que no desenho inicial:
– E aqui... É as bombinhas de brinquedo, que eu soltei elas...
– E por que você tá ajoelhado? – indaga a pesquisadora novamente.
Erick olha para o desenho, aponta com o lápis a parte das bombinhas e da cabeça dele e explica (com tom de obviedade) à pesquisadora:
– É pra as bombinhas não cair aqui, ó, na minha cabeça! (Ele aponta para a cabeça dele no desenho.)
A pesquisadora relembra:
– Ah, igual à brincadeira que você faz com seu pai, né? Ah, tá!
Erick, centrado na explicação, aponta para o chapéu feito em cima da cabeça da pesquisadora e conclui:
– E essa aqui... é uma bombinha (aponta para o desenho). E quando ela ataca ela vira uma coisinha aqui (aponta para o chapéu desenhado na cabeça da pesquisadora)... Olha, ela vira um linqui (o aluno parece inventar uma palavra)!

[...]

Na experiência destacada, a proposta é que os alunos façam um desenho livre, sem direcionamento anterior. Cada aluno está sentado na cadeira, dividindo a mesa com mais três colegas. O material disponível é o giz de cera, para ser usado de forma coletiva. A professora regente distribui uma folha branca para a confecção do registro.

A pesquisadora está com a filmadora. Depois de algum tempo, ela nota que Erick está sem o giz de cera nas mãos (ele parecia ter terminado a atividade). A pesquisadora, então, aproxima-se e caminha até a mesa do aluno. Ao notá-la, ele se interessa em mostrar sua produção, erguendo o papel para a câmera, e diz: "*Tchan, tchan!*"

Em seguida, a pesquisadora questiona a criança sobre o desenho feito. Erick aponta cada parte registrada no papel e explica: "*Eu fazi o chão, o céu, o cavalo, você e eu ajoelhado*".

Ela observa o desenho e se mostra curiosa em saber o motivo de o aluno estar ajoelhado. Erick explica sobre a brincadeira de bombinhas com o pai. A pesquisadora insiste na conversa para saber mais, dando início a um tipo de elaboração do menino sobre seu desenho.

Tal como nos episódios anteriores, evidenciamos que os elementos da realidade, vivenciados pela criança em suas relações sociais, são ressignificados em suas escritas de mundo. Em um primeiro momento, as situações *não gráficas* (faz de conta e narrativa) foram destacadas na análise, mas no presente episódio o desenho está em foco.

De modo geral, podemos observar que aquilo que é conhecido pela criança é reelaborado em novos cenários, em formas inéditas de *leituras e escritas* da realidade. Erick insere elementos novos (imaginados) para registrar a brincadeira de bombinha que compartilha com o pai. O menino compõe graficamente: a pesquisadora, o cavalo, o chão e o céu.

Os aspectos envolvidos no grafismo do menino implicam processos complexos que perpassam as relações entre imaginação e atividade(s) criadora(s) configuradas nas experiências culturais das quais a criança participa. Em uma constante reelaboração e recombinação de elementos que a circundam, a criança cria. Fantasia e realidade se misturam no desenho.

> Vigotski (2009, p. 35-36) explica:
>
> Bem no início desse processo, como já sabemos, estão sempre as percepções externas e internas, que compõem a base de nossa experiência. O que a criança vê e ouve, dessa forma, são os primeiros pontos de apoio para sua futura criação. Ela acumula material com base no qual, posteriormente, será construída a sua fantasia.

A criança produz cultura.

É por meio da associação e da dissociação de seus recortes da realidade que ela *escreve* no real, usando diferentes recursos expressivos, suas percepções (*leituras*) de mundo.

Notamos, assim, que Erick reinventa a brincadeira com seu pai, registrando-a com novos elementos da realidade em outro suporte (o gráfico). Seu corpo é uma extensão do seu desenho e permite a ampliação de seus recursos criadores. O menino, de fato, atribui uma nova dimensão ao seu grafismo, já que as "bombinhas" *saem* do papel!

O movimento corporal (em reação à projeção da "bombinha" para fora do papel) revela uma maneira peculiar de o corpo participar do desenho. Pelo corpo, Erick amplia suas possibilidades de representação e expressão (*leitura e escrita*) simbólicas. As "bombinhas" (inicialmente, desenhadas em pouca quantidade) promovem um entrelaçamento entre a fala (narrativa), o desenho e o movimento corporal ou gesto (também narrado no desenho). Todos esses elementos, em conjunto, caracterizam a composição gráfica.

Erick, por meio do desenho em construção, da narrativa, dos gestos e da oralidade, imagina, cria e conta uma história. O aluno explica a brincadeira tendo como ponto de apoio seu desenho e sua gestualidade. Ou seja, a criança faz uso de diferentes recursos criativos para compor sua explicação sobre o desenho. Ela se utiliza da onomatopeia para narrar o som das bombinhas passando rente à cabeça, inclina o corpo para a esquerda, de maneira que *as bombinhas não o acertem* etc.

Leite (2004), em seus estudos sobre a dimensão estética e poética dos desenhos infantis, afirma que a criança, ao desenhar, preocupa-se mais com o processo do que com o produto final. Nesse sentido, apesar de estar em um plano bidimensional, "o desenho é pleno de transitoriedade, de movimentos, idas e vindas, como a tessitura de uma narrativa, no caso, visual" (p. 66).

Ela sugere:

> Observar crianças desenhando, especialmente as de pouca idade, faz-nos deparar com meninos e meninas que se mexem, falam, gesticulam, cantam, locomovem-se, colorem e rabiscam enquanto desenham. Tudo isso entra na composição dos significados primários, secundários e nos conteúdos de seus desenhos. (2004, p. 73)

A autora enfatiza que, como narrativa visual, o desenho está em constante diálogo com diferentes formas de expressão e, por isso, pede uma contemplação mais ativa do outro. De fato, a criança constrói seus significados por meio do desenho e de todas as outras linguagens e processos criativos nele intrínsecos. Como dissemos anteriormente, além de estarem articulados, esses processos criadores (brincar, narrar, desenhar etc.) dialogam entre si, sofrem alterações à medida que se desenvolvem em conjunto durante a criação infantil.

Nesse sentido, a mediação da pesquisadora é central para compreender a elaboração da criança sobre o seu desenho. Ou seja, a produção gráfica, que parecia estar pronta, por exemplo, teve novos registros e significados depois da participação da pesquisadora. A partir daí, Erick continuou a desenhar. Em seu desenho final, novos elementos surgiram: chapéu, câmera e muitas bombinhas, representadas por inúmeros pontos no papel.

Mas qual a relação entre essa discussão e os processos de letramento? Conforme discutimos no Capítulo 1, para Vigotski (2008), a escrita é inicialmente um simbolismo de segunda ordem. Isto é, ela se caracteriza como uma segunda forma de representação. Apoiada a princípio na fala, aos poucos passa a não precisar mais dela para se desenvolver, transformando-se em simbolismo de primeira ordem. Assim, a fala atua como intermediária entre o que a criança escreve e o seu significado.

Percebemos que Erick também identificou partes de seu desenho, recorrendo à nomeação e ao gesto indicativo para explicá-lo. Vigotski (2009, p. 109) argumenta: "O desenho da criança é enumeração, ou melhor, uma narração gráfica sobre o objeto representado".

Desse modo, o autor afirma que, enquanto a criança desenha, ela reflete sobre o objeto que busca representar, como se falasse dele. O ato de desenhar de memória se configura como uma narrativa gráfica, pois, quando a criança desenha, ela narra e não se preocupa com o espaço-tempo do objeto, podendo perceber ou ignorar certas particularidades daquilo que está sendo retratado.

Assim, seus desenhos demonstram aquilo que ela compreende do objeto e, muitas vezes, não mostra aquilo que de fato ele é. O desenho se configura como algo que tem vida própria quando a criança, por exemplo, vira a folha para ver o que tem atrás de determinado registro.

Do mesmo modo, Luria (2010) explica a relevância do desenho na aquisição da linguagem escrita. Em suas escritas iniciais, a criança se utiliza do desenho para registrar. Além de traços e rabiscos, ela recorre a imagens para escrever suas interpretações da realidade.

Logo, quanto maiores forem as oportunidades oferecidas à criança de participar das atividades criadoras (faz de conta, narrativa, desenho etc.), mais amplo será o seu repertório simbólico. A *qualidade* dessa *oferta*, sem dúvida, traz implicações para o desenvolvimento da linguagem escrita – em particular, no período de alfabetização. As atividades criadoras se configuram como aspectos que caracterizam, podemos assim dizer, o letramento.

Vale relembrar que os processos criadores não se dão de maneira estanque e linear. O faz de conta, a narrativa, o desenho e a própria escrita estão imbricados no process de simbolização e criação, conforme demonstramos.

Na análise do Episódio 4, notamos que o corpo compõe a significação do desenho. Esse aspecto foi observado por Cavaton (2010) em sua pesquisa sobre a relação entre a fala, o desenho e a escrita. Ao afirmar que a criança também se utiliza da gestualidade e da onomatopeia para narrar o desenho, a autora enfatiza a relevância da mediação do *outro* na elaboração do desenho, indicando que a presença da argumentação nas trocas comunicativas (criança-criança e criança-professor) dá sentido ao que foi registrado pela criança.

As primeiras elaborações de escrita

Episódio 5 – A mão que escreve

Os alunos estão sentados na cadeira realizando uma atividade de dobradura com a mediação da professora regente. A turma parece interessada. As crianças conversam entre si e ajudam umas às outras no desafio de dobrar o papel.

Algum tempo depois, o relógio marca a hora do lanche. A professora, então, para identificar os trabalhos das crianças posteriormente, passa de mesa em mesa colocando o nome dos alunos em suas respectivas produções.

Ao passar na mesa em que Sueli e Cris estão sentadas, a docente escreve o nome de cada uma delas e segue para outro grupo. Em seguida, as alunas imitam o movimento da professora, "fingindo" escrever sobre a mesa com as mãos e os dedos em pinça, como se estivessem segurando um lápis com a mão direita.

[...]

Episódio 6 – Só sei escrever!

As crianças estão em sala de aula, jogando o "bingo do nome" proposto pela professora regente. Cada criança está em posse de sua ficha e, a cada letra "cantada" pela professora, os alunos colocam uma tampinha colorida sobre seus nomes.

O jogo termina quando todas as crianças têm sua ficha completada.

Os alunos finalizam a atividade alegres e comentam sobre o jogo.

Ao final, a professora avisa que está na hora do lanche e abre a porta da sala. Os alunos fazem fila para lanchar.

Enquanto isso, Cris vai ao quadro, pega o giz e escreve:

A pesquisadora, ao observar a aluna, pergunta o que ela escreveu. Cris responde:
– Não sei, não, tia. Eu não sei ler. Só sei escrever.

◀ ◀ ◀

Nas diferentes situações de sala de aula, em ambos os casos, as crianças demonstram suas primeiras experiências com a escrita. No primeiro caso, o ato de escrever está dado na caracterização do gesto: as meninas revelam suas percepções sobre o que é escrita imitando aquilo que veem os adultos fazendo. Sueli e Cris movimentam as mãos tal como a professora o faz, fingindo segurar o lápis ou a caneta. A escrita das meninas é realizada na mesa, esfera plana, que torna possível o registro. De fato, não é em qualquer lugar que se escreve; é preciso ter *onde* escrever. As crianças sabem disso!

No Episódio 6, Cris segura o lápis e escreve no quadro. Ao ser questionada pela pesquisadora sobre o que havia escrito, a aluna responde ser capaz de escrever, mas ainda não saber ler. A menina relaciona a escrita com o registro, mas ainda não domina as relações entre fonema e grafema. Sobre isso Luria (2010, p. 149) explica:

> O ato de escrever é, nesse caso, apenas associado à tarefa de anotar uma palavra específica; é puramente intuitivo. A criança só está interessada

em "escrever como os adultos"; para ela, o ato de escrever não é um ato para recordar, para representar algum significado, mas um ato suficiente em si mesmo, um brinquedo.

Interessante observar a forma como a criança *brinca de escrever*. Se, de um lado, essa atividade é um *ato suficiente em si mesmo*, de outro revela a forma como ela percebe e interpreta a escrita: um conhecimento inicial sobre o que é escrever. Essa dimensão é fundamental para os desdobramentos posteriores de formalização da escrita e o gesto assume protagonismo. Afinal, é o *corpo que escreve* ou *brinca de escrever*.

Contudo, há um aspecto que merece ser explorado sobre as relações entre as expressões *não gráficas* de letramento (discutidas nos episódios sobre o brincar e a narrativa) e aquelas que envolvem o desenho ou a escrita, no que tange ao papel do corpo. Sem dúvida, ao compará-las, nota-se que é diferente a participação do corpo: o *corpo que brinca e narra* é expansivo, desloca-se em direção à exterioridade e, muitas vezes, determina o significado da própria ação. O *corpo que escreve*, por sua vez, é mais contido, em função da delimitação de sua ação no papel (ou suporte semelhante), tornando-se canal para a simbolização.

Embora as atividades criadoras estejam interligadas, como vimos nos episódios anteriores, há especificidades de funcionamento no brincar, no narrar, no desenhar e no escrever.

No caso das atividades *gráficas*, por exemplo, alguns elementos particulares compõem a ação de desenhar e escrever – um suporte (papel ou similar), um instrumento (lápis) e o sujeito que escreve (escritor). Nota-se que, ao desenhar e escrever, o corpo se concentra na realização da atividade, na definição do local do registro e no conteúdo a ser registrado. Na confluência desses elementos, o corpo/sujeito escreve e/ou desenha.

De acordo com Vigotski (2008), no começo, desenho e escrita se apoiam na gestualidade. O que se deseja representar está muito mais significado naquilo que a criança revela com o corpo do que o que está registrado, por exemplo, no papel. "No entanto, é a mesma coisa: traços e pontos. Em geral, tendemos a ver os primeiros rabiscos e desenhos das crianças mais como gestos do que como desenhos no verdadeiro sentido da palavra" (p. 129).

Aos poucos, seus registros gráficos se deslocam da gestualidade e tornam-se um signo independente. O corpo, então, deixa seu papel de protagonista, no sentido da representação, e torna-se canal para o registro.

Essas análises trazem desdobramentos sobre o corpo na escola. O Capítulo 2, por exemplo, apontou o controle do corpo nos espaços institucionais, em função da intencionalidade de domesticação dos sentidos e das expressões subjetivas. Tiriba (2008, p. 4-5), apoiada no pensamento de Foucault, aponta:

> [...] como instituição de sequestro, a escola e outras instituições, como os presídios, os hospícios e os quartéis, visavam controlar não apenas o tempo dos indivíduos, mas também seus corpos, extraindo deles o máximo de tempo e de forças. De maneira discreta, mas permanente, as formas de organização espacial e os regimes disciplinares conjugam controle de movimentos e de horários, rituais de higiene, regularização da alimentação etc. Assim, historicamente, a escola assume a tarefa de higienizar o corpo, isto é, formá-lo, corrigi-lo, qualificá-lo, fazendo dele um ente capaz de trabalhar.
>
> As filas que se formam para levar as crianças de um espaço a outro, os tempos de espera em que permanecem encostadas às paredes, a falta de conforto das salas, as regras que são impostas nos refeitórios, os tempos previamente definidos para defecar: tudo isto remete à ideia de fabricação de uma retórica corporal, mas também de uma retórica do espírito.

Inúmeras pesquisas revelam um declínio das atividades criadoras com a entrada da criança no ensino fundamental (Munhoz, 2003; Leite, 2004; Silva, 2012). A alfabetização é um sinal dessa situação. As práticas pedagógicas centram-se na escrita, deixando de lado as outras experiências criadoras (brincar, narrar, desenhar etc.) que também participam dos processos de simbolização e, portanto, de letramento e alfabetização. Esse contexto não só repercute negativamente na estruturação das atividades criadoras como *atrofia* o corpo, que passa a funcionar (somente) em uma dimensão.

RELEMBRANDO

▎ A criança, com base em sua vivência, recombina os elementos que conhece e produz o novo. A criação infantil se dá por meio das atividades *não gráficas*, conforme vimos no capítulo anterior, e *gráficas*, aqui discutidas.

▎ Nas atividades criadoras, o outro – o(a) professor(a), outra criança, etc. – assume lugar central. É com base nas interações sociais (para o outro e com o outro), por meio da dinâmica interdiscursiva, que a criança constrói seu repertório fantástico.

▎ As atividades *gráficas* (desenho e primeiras elaborações de escrita) se configuram entrelaçadas às atividades *não gráficas* de letramento (faz de conta e narrativa). Nessa perspectiva, o corpo, embora se organize de forma diferenciada em cada uma delas, se constitui como esfera fundamental para que as atividades criadoras ocorram. O corpo brinca, narra, desenha e escreve, muitas vezes, simultaneamente. Ou seja, as atividades estão amalgamadas e se revelam no corpo/sujeito.

▎ A criança, ao registrar, faz do corpo a extensão de seu desenho. Isso implica dizer que o significado do que a criança deseja registrar não aparece somente no desenho, mas em sua gestualidade e naquilo que ela expressa pela enunciação.

▎ Ao observarmos as primeiras elaborações de escrita, percebemos que, inicialmente, o ato de escrever se caracteriza como um fim em si mesmo. A criança *brinca de escrever*, utilizando-se da imitação do movimento realizado para a escrita. Para isso, ela expressa pelo corpo sua forma de interpretar o mundo. Em outro momento, a escrita começa a adquirir caráter simbólico. Ou seja, as letras passam a ter significados compartilhados.

▎ É preciso refletir sobre as práticas pedagógicas centradas apenas no aspecto cognitivo, resumindo a expressão da criança apenas à leitura e à escrita sistematizadas. Existem outras formas de *ler* e *escrever* que evidenciam o conhecimento e os modos de sentir da criança. Tais atividades têm estreita relação com o letramento e todo o posterior processo de alfabetização.

SUGESTÃO DE ATIVIDADES

A Organize a sala de forma que as mesas das crianças fiquem próximas, favorecendo o diálogo entre elas. Em seguida, distribua canetinhas, lápis de cor e giz de cera. Sugira aos alunos desenhar o que quiserem. Depois monte uma exposição na própria sala para que as crianças falem sobre suas produções.

B Conte uma história às crianças e proponha a elas escrever uma mensagem para o personagem de que mais gostarem. Se preferir, converse sobre as particularidades de um bilhete e sugira a elas escrevê-los da forma que sabem, sem censuras ou expectativas. Em seguida, guarde as mensagens em uma caixa e, logo que as crianças terminarem, leia para toda a turma. Avise que guardará as mensagens no livro, para que no mundo da fantasia elas sejam entregues.

C Divida a sala em dois grupos. Para cada grupo, escolha um aluno por vez e diga uma palavra em seu ouvido – de preferência, que tenha alguma relação com o que estão estudando. A criança deverá escrever com o corpo a palavra dita e o grupo tentará adivinhar.

Reflexões das crianças sobre a temática do corpo

Introdução

Neste capítulo, as crianças refletem sobre a temática do corpo, com base nas atividades por elas vivenciadas durante a pesquisa de campo, por meio das dinâmicas interativas criança-criança e adulto-criança.

Partimos da concepção de que os pequenos, não somente reproduzem a cultura da qual participam, como atuam como agentes culturais. Ou seja, eles apresentam posições, visões de mundo que, muitas vezes, diferem da cultura adultocêntrica.

Em diálogo com a psicologia do desenvolvimento, Corsaro (2011), sociólogo da infância, corrobora esse argumento ao elucidar dois conceitos fundamentais:

- As crianças são agentes sociais, seres ativos que, além de construir a própria cultura, colaboram com as produções do/no mundo adulto; e
- A infância é uma construção sócio-histórica. Um período temporário para a criança, mas "uma categoria estrutural permanente na sociedade" (p. 42). Por essa razão, torna-se relevante estudar a criança do ponto de vista dela

Este capítulo propõe:
- Compreender a criança como agente cultural que participa ativamente do meio em que está inserta, produzindo cultura.
- Refletir sobre a importância de favorecer espaços dentro do contexto escolar para que a criança expresse seus pensamentos e sentimentos.
- Problematizar a temática do corpo, com base nas narrativas realizadas pelas crianças, sobre as experiências vividas no trabalho de campo.

mesma, de sua cultura, muitas vezes demonstrada na brincadeira, nos relatos, no desenho etc.

Prado (2009), em sua pesquisa com crianças em creche, argumenta que elas têm uma forma particular de conhecer o ambiente e interagir com ele, de se relacionar com outras crianças e com os adultos. Essa particularidade transcende o uso de palavras, pois o corpo e o movimento assumem lugar de destaque no faz de conta, na música, na história, no inesperado, tal como estudamos nos capítulos anteriores.

No episódio a seguir, veremos como as crianças pensam o que é o corpo, mediante a atuação da pesquisadora. Por meio de pistas, questionamentos, induções e sugestões, a pesquisadora vai construindo com os alunos modos de conceituação, tendo como foco o trabalho desenvolvido ao longo da pesquisa.

A condução dessa situação pedagógica não é fortuita nem aleatória. A pesquisadora busca evidenciar os pontos de vista das crianças, partindo de perguntas diretivas. Ela vai conduzindo as análises do grupo e elaborando as sínteses a partir da dinâmica interativa.

Na conclusão, podemos notar que, ao contrário do que muitos adultos imaginam e/ou acreditam, os pequenos revelam pensamentos complexos acerca da temática em questão. Porém, a evidência desses processos só é identificada com a mediação pedagógica estruturada pela pesquisadora.

Opiniões das crianças sobre o modo como sentem e pensam suas experiências com o corpo na escola

Neste trabalho, investigamos a participação do corpo no processo de letramento nas situações *não gráficas* (faz de conta e narrativa) e *gráficas* (desenho e primeiras elaborações de escrita das crianças) no espaço da escola. Além disso, interessamo-nos em ouvir o que as crianças elaboraram a respeito do corpo, em suas diferentes dimensões, depois da investigação realizada.

É por meio da interação criança-criança e pesquisadora-criança que se tece um diálogo sobre essa temática ao final da pesquisa de campo. Aqui, as crianças expõem opiniões, pensamentos e reflexões, evidenciando o corpo como o *lugar de pertencimento do sujeito*.

Episódio 7 – O nosso corpo é de nós!

A turma está em sala de aula. A professora dá início às atividades de rotina e, depois, explica às crianças que a pesquisadora deseja conversar com elas.

A pesquisadora senta com os alunos e avisa sobre o final de sua pesquisa de campo. Ela agradece a participação de todos e aproveita para perguntar às crianças acerca de suas percepções sobre o trabalho com o corpo, estruturado na sala de aula durante a investigação. A pesquisadora, contextualizando as estratégias desenvolvidas com os alunos, pergunta:

– Como o corpo participou de todas essas coisas que a gente fez?

Sônia responde:

– A gente brinca e a gente desenha.

– O que mais? – *problematiza a pesquisadora.*

As crianças respondem:

– A gente estuda, vai na casinha da boneca, escreve, pinta, recorta, é amigo, faz filme.

– Como é que a gente fez o filme? – *pergunta a pesquisadora, remetendo-se à apresentação do filme* O circo, *de Charles Chaplin.*

Cris responde:

– Sem falar.

A pesquisadora dialoga:

– Só o nosso corpo se mexeu, não é? E o que mais, gente?

Alexandre diz:

– Amarrar...

E várias crianças falam ao mesmo tempo:

– Calçar, calçar meia, se vestir, ir para a escola, pentear o cabelo, passar maquiagem, tomar banho...

– Será que sem o nosso corpo a gente seria capaz de tomar banho, brincar, escrever, fazer o filme, pintar, desenhar, recortar, amarrar sapato, usar brinco, passar maquiagem? – *prossegue a pesquisadora, retomando as falas das crianças sobre as ações que realizam com o corpo.*

A maioria das crianças responde "não", mas Orlando contraria e diz:

– Sim!

A pesquisadora, então, indaga:

– Sim, Orlando?
A pesquisadora solicita ao aluno:
– Mostra para mim, Orlando, onde começa o seu corpo.
Orlando passa as mãos no próprio corpo e fala o nome de cada parte, ao tocá-las:
– Cabeça, tronco, braços, pernas.
A pesquisadora continua:
– Então, agora tira tudo isso: cabeça, tronco, braços, pernas. Você conseguiria fazer alguma coisa?
Orlando, colocando o dedo na boca e fazendo um semblante pensativo, é interrompido por Paulo:
– Sim!
A pesquisadora questiona:
– Como?
– Se mexendo, andando – fala Paulo.
A pesquisadora diz:
– Como, se ele tirou tudo? Ele não tem mais cabeça, não tem mais braços, não tem mais tronco, ele não tem mais pernas, ele não tem mais nada!
Cris discorda e interfere:
– Não, a gente não consegue...
A pesquisadora pergunta:
– Por quê?
Sônia explica:
– Porque sem o nosso corpo a gente não consegue caminhar.
– Sem o nosso corpo a gente não consegue caminhar... – contextualiza a pesquisadora.
Alexandre, amarrando os sapatos, diz:
– Sem brincar.
A pesquisadora insiste:
– Então, se sem o nosso corpo a gente não consegue fazer nada... o que é o nosso corpo, então?
(Silêncio na sala...)
As crianças não respondem, mas a pesquisadora continua:
– Se eu tirar todo o meu corpo, o que vai acontecer comigo?

Os alunos respondem ao mesmo tempo:
– *Vai morrer.*
A pesquisadora repete:
– *Se não tiver nada do corpo, a gente vai...*
Sônia interrompe:
– *A gente cai.*
Segue a pesquisadora:
– *Mas, para cair, a gente precisa ter o corpo. Até para cair, a gente precisa ter o corpo. Imagina eu sem nada!*
Lorena diz:
– *Desmaiada.*
– *Desmaiada também tem o corpo!* – *retruca a pesquisadora.*
Até que Felipe diz:
– *Você não aparece.*
A pesquisadora confirma:
– *Você não aparece. Isso mesmo, Felipe, muito bem. Sem o corpo a gente não aparece. Se eu tirar tudo, a gente desaparece. A gente não...*
Lorena completa:
– *Não existe.*
– *Isso, se a gente tirar todo o nosso corpo, passar uma borracha [...]* – *repete a pesquisadora.*
Orlando exclama:
– *A gente morre!*
– *A gente nem morre! A gente não existe. A gente não aparece! Como disseram a Lorena, o Felipe e a Sônia. A gente não existe, a gente não aparece* – *diz a pesquisadora, que logo emenda:*
– *Então, se a gente não existe, se a gente não aparece sem o corpo, nós somos o quê?*
Orlando responde:
– *Pessoas!*
A pesquisadora vai adiante:
– *Tá. E essa pessoa está onde?*
– *Na escola, no planeta, no céu* – *responde Guilherme.*
A pesquisadora pergunta novamente:
– *Mas está onde?*

Cris, abraçando os próprios joelhos, responde:
– Corpo.
A pesquisadora exclama:
– Isso mesmo, Cris! No nosso corpo. Eu estou no meu corpo, você no seu. Mas, na verdade, a gente não está no nosso corpo, a gente é o nosso corpo. Quando a Cris estava escrevendo, quando o João estava escrevendo, como a mão deles fazia? Como é que a nossa mão faz quando a gente está escrevendo?
As crianças, mexendo as mãos em forma circular, falam:
– Assim...
– Por que será que a gente mexe assim? Quem é que manda a mão fazer assim? – indaga a pesquisadora.
Guilherme responde:
– O cérebro.
A pesquisadora pergunta novamente:
– E o cérebro está dentro de onde?
Andrea diz:
– Da cabeça.
A pesquisadora indaga:
– E a cabeça está onde?
As crianças apontam com o indicador para a própria cabeça e respondem:
– Aqui!
– Aqui onde? – a pesquisadora finge não entender.
Uma aluna responde:
– Aqui em cima.
– Em cima de onde? – questiona a pesquisadora.
Alexandre responde:
– Do pescoço.
A pesquisadora insiste:
– E o pescoço está onde?
Algumas crianças dizem:
– Embaixo.
A pesquisadora não compreende e indaga:
– Embaixo de onde?

– *Da cabeça* – *falam as crianças ao mesmo tempo.*
A pesquisadora continua:
– *Mas está onde? No armário, na mesa? Onde?*
Os alunos falam juntos:
– *No pescoço.*
A pesquisadora questiona:
– *E o pescoço faz parte do quê?*
Orlando reflete:
– *Do ombro, da garganta.*
A pesquisadora segue:
– *O cérebro está dentro da nossa cabeça, que está no nosso...*
Sônia e algumas crianças completam:
– *Corpo!*
[...]
Alexandre, que tenta amarrar o sapato, diz:
– *O nosso corpo é de nós.*
E Orlando completa:
– *E a gente não vai ter mais voz...*
– *Isso, a gente não vai mais...* – *fala a pesquisadora.*
Laíze diz:
– *Aparecer.*
[...]

◖ ◖ ◖

O episódio ocorreu em sala de aula, depois das atividades rotineiras (escolha de ajudantes do dia, desenho do tempo, contagem dos alunos presentes, narrativa sobre as novidades do dia). A turma estava sentada em roda, como de costume, ao lado da pesquisadora. A professora regente segurou a câmera na maioria do tempo.

Ao término do estudo de campo, a pesquisadora buscou compreender como as crianças sentiram e pensaram as atividades que problematizavam o lugar do corpo (desenvolvidas ao longo do semestre). Para tanto, orientou uma intervenção pedagógica com o objetivo instrucional de identificar tais percepções. De fato, depois de todas as observações e intervenções realizadas pela pesquisadora durante a pesquisa, em parceria com as próprias crianças e com a professora regente, era preciso problematizar a experiência corrente.

A investigação, conforme elucidamos, parte do pressuposto teórico e metodológico que compreende a criança como produtora cultural. Isso significa dizer que ela age criativamente diante das experiências com o mundo circundante. No recorte, a pesquisadora inicia uma reflexão sobre como o corpo/sujeito participou nas atividades das crianças durante a pesquisa. Ao expressarem suas opiniões, os pequenos recuperam as atividades realizadas (lembram, por exemplo, do filme assistido) e apresentam suas colocações com a mediação pedagógica da pesquisadora.

Em um primeiro instante, as situações analisadas pelas crianças estão direcionadas às ações do corpo. As crianças enumeram: brincar, desenhar, escrever, pintar, recortar, fazer filme etc.

Em seguida, após um amplo questionamento da pesquisadora sobre outras circunstâncias em que o gesto ou movimento corporal é central nas *ações infantis, as crianças listam* atividades cotidianas, tais como: amarrar sapato, calçar meia, ir à escola, tomar banho etc. Nesse contexto, o corpo é concebido como *moldura*: espaço de enfeite e adorno. Ou seja, o que comumente se identifica com o que está no exterior e aparente.

Ainda no espaço do visível e imediatamente observável, as crianças indicam a relação do corpo com as ações concretas da vida; fazer coisas. No entanto, o contexto enunciativo muda quando a pesquisadora pergunta e conduz o debate a partir da seguinte indagação: "– *Se eu tirar todo o meu corpo, o que vai acontecer comigo?*" Tal pergunta direciona a discussão para uma ponderação sobre a essência do corpo. Ou seja, como se estabelece a relação entre sujeito e materialidade corpórea?

A discussão, então, modifica-se e se amplia, reposicionando a temática. A maioria das crianças afirma que é impossível fazer algo sem o corpo, porém Orlando discorda. O aluno nomeia as partes do seu corpo, é questionado pela pesquisadora e se põe a pensar...

As crianças refletem sobre as possibilidades do corpo e a pesquisadora prossegue a problematização: "*Então, se sem o nosso corpo a gente não consegue fazer nada... o que é o nosso corpo, então?*"

Nesse instante, a turma fica em silêncio. A pesquisadora insiste na pergunta e, depois de uma pausa, as crianças respondem que (sem o corpo) "*a gente morre, a gente cai, desmaiada*". De alguma maneira, elas compreendem que a existência não é possível sem o corpo. Enfim, conforme afirma Felipe, o corpo "*não aparece*".

A discussão avança e a pesquisadora, então, pergunta: "*Então, se a gente não existe, se a gente não aparece sem o corpo, nós somos o quê?*"

Cris conclui: "*– Corpo!*"

Nesse momento, a pesquisadora intervém e repete as conclusões a que as crianças chegaram, explicando que o corpo não *está*, mas *é*. Essa afirmação do adulto ajuda os pequenos a avançar em suas análises sobre a problemática.

Já ao final, quando a pesquisadora pergunta "*— [...] o que é o nosso corpo, então?*", as crianças percebem que o corpo se constitui de partes que atuam no mundo em ações cotidianas. Além disso, identificam que dentro desse corpo há o "cérebro", que elas parecem entender como responsável por comandar as ações corporais.

Contudo, as reflexões infantis desdobram-se na linha argumentativa de relacionar o cérebro como algo que pertence ao sujeito, pois está dentro do corpo! Isso indica que, para essas crianças, o corpo é o próprio sujeito.

Alexandre resume: "*– O nosso corpo é de nós!*"

RELEMBRANDO

> É de extrema importância dar voz às crianças para identificar como elas pensam o mundo de que participam. Ao contrário de centrar-se na voz do adulto (seu modo de recortar o mundo), o favorecimento do diálogo com a criança e entre elas permite pensar e criar estratégias que deem visibilidade ao ato de pensar elaborado pelos pequenos, mesmo quando essa elaboração se baseia na mediação pedagógica do adulto.

> Ao falarem sobre a temática do corpo, as crianças enumeram atividades: desenhar, pintar, escrever, fazer filme etc. Depois, com a mediação da pesquisadora, elas ampliam suas elaborações, pois o corpo/sujeito atua no cotidiano de diferentes maneiras: tomando banho, amarrando sapato, indo à escola etc. Ao final, os pequenos evidenciam que o cérebro é responsável pelas ações do corpo. Uma vez que ele está dentro do corpo, e ambos são inseparáveis, o sujeito é o próprio corpo!

SUGESTÃO DE ATIVIDADES

A Sugira à sua turma uma viagem pelos diferentes gêneros musicais, em que a regra é manter o corpo em movimento. Você pode mesclar forró, samba, música clássica e instrumental (entre outros). As crianças devem dançar no ritmo ouvido. Ao final, discuta com seus alunos sobre a forma como se expressaram, o que sentiram. Registre a atividade, pedindo a cada criança que faça um desenho com o ritmo mais apreciado. Observe que o desenho pode ter elementos que identifiquem os movimentos.

Sugestão de filme:
Narradores de Javé (2003)
B   Diretor: Eliane Caffé • País: Brasil • Gênero: drama

Pina Bausch: O filme (2011)
   Diretor: Win Wenders • País: Alemanha • Gênero: documentário

6
Considerações finais

O papel do corpo nas práticas de letramento é pouco discutido na literatura especializada. O debate proposto no presente trabalho parte dessa relação, revestindo-se de princípios epistemológicos que compreendem o corpo em sua dimensão simbólica. Essa consideração vincula-se a outro preceito: a natureza social e histórica do signo.

A perspectiva histórico-cultural é o referencial básico para problematização dessa temática, pois Vigotski, ao longo de sua obra, rompe com os reducionismos idealistas e mecanicistas de sua época, compreendendo o homem em sua dimensão social. Sem ignorar o fator biológico, o autor focaliza a cultura como elemento definidor da experiência humana. Ou seja, o homem se constitui nas interações sociais, nas mediações. A relação dele com a natureza não é direta, imediata. Ou seja, é nas interações sociais que o mundo é significado pelo outro, por meio da linguagem e dos instrumentos.

O desenvolvimento ontogenético é caracterizado por diferentes modos de apropriação da cultura. Desde os movimentos iniciais, as primeiras palavras direcionadas à criança já vêm permeadas de traços culturais que, paulatinamente, são internalizados (incorporados?!). Porém, Vigotski (2008) esclarece que a internalização não acontece em um movimento exclusivo do cultural para o sujeito, mas sobretudo em uma constante dinâmica entre o inter e o intrapsicológico.

Entre os signos criados pelo homem, a escrita assume destaque nos trabalhos apresentados por Vigotski (2008) e Luria (2010). É por meio da linguagem escrita que o ser humano aumenta suas possibilidades cognoscitivas (memorização e criação), ampliando sua forma de comunicação e interação com o mundo.

Neste estudo, percebemos que nas experiências de letramento *não gráficas* (faz de conta e narrativa) e *gráficas* (desenho e primeiras elaborações de escrita) o corpo é suporte central para o processo de significação das ações infantis.

Nos episódios apresentados, podemos identificar que as atividades criadoras, reveladoras da interpretação e da expressão da criança sobre a cultura, ocorrem no corpo. No faz de conta, por exemplo, os personagens da vaca (Episódio 1), do velho (Episódio 2) e do Saci-Pererê (Episódio 2) foram enunciados pelas crianças por meio da gestualidade. A encenação lúdica foi materializada no corpo. No episódio da narrativa, por sua vez, a história do circo foi composta pela gestualidade. Ao narrar, as crianças não se utilizaram apenas da linguagem falada, mas também do corpo.

Durante a elaboração da história, o faz de conta surge na *contação*. Ampliam-se, assim, os processos de simbolização, que envolvem modos de narrar e de brincar da criança. O corpo que narra brinca. Ou seja, narrar e brincar, apesar de atividades distintas, interpenetram-se na criação infantil.

O mesmo ocorre quando a criança desenha. Erick registra fatos da sua vida que, narrados à pesquisadora e por ela mediados, vão se redefinindo durante o desenvolvimento da ação imaginativa. Sobre isso, Gobbi (2009, p. 71) adverte: "O desenho e a oralidade são compreendidos como reveladores de olhares e concepções dos pequenos [...] sobre seu contexto social, histórico e cultural, pensados, vividos, desejados".

O desenho da criança, em conjunto com as demais atividades criadoras, é um meio privilegiado de expressão infantil – modos específicos de ler e escrever sobre o real (letramento). O mundo imaginado, experienciado e construído se apresenta em seus registros, explicando-se pela imagem e pela fala.

No episódio das primeiras elaborações de escrita das crianças, nota-se que, inicialmente, elas escrevem por um ato imitativo. Cris e Sueli realizam movimentos com as mãos, tais como os adultos fazem para *escrever*. Assim, a *brincadeira de escrever* está no corpo. Um corpo que se orienta para a tarefa de escrever.

Diferentemente do corpo que brinca e narra, o corpo que compõe grafias se organiza de forma mais disciplinada e restritiva. O papel, o lápis, aquele que registra e para quem se registra configuram a atividade.

De modo geral, o debate que levantamos nessa investigação busca promover uma discussão sobre os processos simbólicos implicados nas atividades criadoras infantis e sua relação com as práticas de letramento e alfabetização. Brincar, narrar, desenhar e escrever são experiências essenciais para o desenvolvimento infantil e, portanto, não podem ser vistos de forma subalterna às ações de escrever e ler, como tradicionalmente tratou a escola.

Criar histórias, vivenciar personagens, produzir grafias (entre outras atividades) é *escrever* e *ler* o mundo circundante. Desse modo, é importante que os estudos acadêmicos acerca da aquisição da escrita estejam mais vinculados ao processo criativo característico da infância. A escrita não se limita ao aspecto cognoscitivo e motor, mas amplia-se em direção aos processos de simbolização dos quais o corpo é protagonista. Afinal, é o corpo que escreve.

Referências bibliográficas

ALFANDÉRY, H. G. *Henri Wallon*. Recife: Fundação Joaquim Nabuco/Massangana, 2010.
ALMEIDA, L. R. "Cognição, corpo e afeto". In: *Henri Wallon*. História da Pedagogia, v. 3. São Paulo: Segmento, 2010, p. 20-31.
ARANHA, M. L.; MARTINS, M. H. *Filosofando: introdução à filosofia*. São Paulo: Moderna, 2002.
BAKHTIN, M. *Marxismo e filosofia da linguagem*. 14. ed. São Paulo: Hucitec, 2010.
BARBATO, S. "Letramento: conhecimento, imaginação e leitura de mundo nas salas de inclusão de crianças de seis anos no ensino fundamental". In: SCHOLZE, L.; RÖSING, M. K. (orgs.). *Teorias e práticas de letramento*. Brasília: Inep, 2007, p. 273-87.
BENTES, I. "O que pode um corpo? Cinema, biopoder e corpos-imagens que resistem". In: OLIVEIRA, C.; ROUCHOU, J.; VELLOSO, M. *Corpo – Identidades, memórias e subjetividades*. Rio de Janeiro: Mauad, 2009, p. 183-202.
BERCITO, S. D. R. "Corpos-máquinas: trabalhadores na produção industrial em São Paulo (décadas de 1930 e 1940)". In: PRIORE, M. D.; AMANTINO, M. (orgs.). *História do corpo no Brasil*. São Paulo: Unesp, 2011, p. 371-404.
BRAGA, S.; VLACH, V. R. "Os usos políticos da tecnologia, o biopoder e a sociedade de controle: considerações preliminares". *Scripta Nova – Revista Eletrônica de Geografia y Ciências Sociais*, Barcelona, v. VII, n. 170. Disponível em <http://www.ub.es/geocrit/sn/sn-170-42.htm>. Acesso em: 24 jul. 2012.
CAIXETA, M.; COSTA, F. C.; HANNA, M. *A mente de Wallon*. Rio de Janeiro: Ciência Moderna, 2007.
CARVALHO, M. *Alfabetizar e letrar: um diálogo entre a teoria e a prática*. 6. ed. Petrópolis: Vozes, 2009.
CAVATON, M. F. *A mediação da fala, do desenho e da escrita na construção de conhecimento da criança de seis anos*. 2010. Tese (Doutorado em Processos de Desenvolvimento Humano e Saúde) – Universidade de Brasília, Brasília (DF).
CORSARO, W. A. *Sociologia da infância*. 2. ed. São Paulo: Artmed, 2011.
COSTA, M. T. M. S.; SILVA, D. N. "O corpo que escreve: considerações conceituais sobre a aquisição da escrita". *Psicologia em Estudo*, Maringá, v. 17, n. 1, 2012, p. 55-62.
COTRIN, G.; FERNANDES, M. *Fundamentos da filosofia*. São Paulo: Saraiva, 2010.

DANTAS, P. S. *Para conhecer Wallon: uma psicologia dialética*. São Paulo: Brasiliense, 1983.
DETREZ, C. *La construction sociale du corps*. Paris: Seuil, 2002.
DICIONÁRIO *Oxford Escolar para estudantes brasileiros de inglês*. São Paulo: Oxford, 2009.
FONTANA, R. F.; CRUZ, N. *Psicologia e trabalho pedagógico*. São Paulo: Atual, 1997.
FOUCAULT, M. *Microfísica do poder*. 29. reimpr. Rio de Janeiro: Graal, 2011.
GALVÃO, I. *Henri Wallon: uma concepção dialética do desenvolvimento infantil*. Petrópolis: Vozes, 1995.
GARCIA, R. "Discutindo a escola pública de educação infantil: a reorientação curricular". In: GARCIA, R. (org.). *Revisitando a pré-escola*. São Paulo: Cortez, 1993, p. 11-20.
GOBBI, M. "Desenho infantil e oralidade: instrumentos para pesquisas com crianças pequenas". In: FARIA, A. L.; DEMARTINI, Z. B.; PRADO, P. (orgs.). *Por uma cultura da infância: metodologias de pesquisa com crianças*. 3. ed. Campinas: Autores Associados, 2009, p. 69-92.
GOELLNËR, S. V. "A produção cultural do corpo". In: LOURO, G. L.; FELIPE, J.; GOELLNËR, S. V. (orgs.). *Corpo, gênero e sexualidade: um debate contemporâneo na educação*. 2. ed. Petrópolis: Vozes, 2005, p. 28-40.
GOMBRICH, E. H. *The story of art*. Londres: Phaidon, 1999.
GONÇALVES, M. A. *Sentir, pensar, agir: corporeidade e educação*. 11. ed. Campinas: Papirus, 2010.
GONÇALVES, M. J. *O corpo como lugar da diferença – espaços e tempos de comunicação através da expressão dramática*. 2007. Dissertação (Mestrado em Educação) – Faculdade de Psicologia e Ciências da Educação da Universidade do Porto. Porto, Portugal. Disponível em: http://repositorio-aberto.up.pt/bitstream/10216/23675/2/67931.pdf. Acesso em: 10 maio 2012.
GONTIJO, C. M. M. *Alfabetização: a criança e a linguagem escrita*. 2. ed. Campinas: Autores Associados, 2007.
_____. *A escrita infantil*. São Paulo: Cortez, 2008.
GONTIJO, C. M.; LEITE, S. A. "A escrita como recurso mnemônico na fase inicial de alfabetização escolar: uma análise histórico-cultural". *Educação & Sociedade*, v. 23, n. 78, 2002, p. 143-67.
GOSSO, Y.; MORAIS, M. L.; OTTA, E. "Pivôs utilizados nas brincadeiras de faz de conta de crianças brasileiras de cinco grupos culturais". *Estudos de Psicologia* [online], Natal, v. 11, n. 1, 2006, p. 17-24. Disponível em: <http://www.scielo.br/pdf/epsic/v11n1/03.pdf>. Acesso em: 26 mar. 2012.
GOULART, C. "Letramentos e modos de ser letrado: discutindo a base teórico-metodológica de um estudo". *Revista Brasileira de Educação*, v. 33, n. 11, 2006, p. 450-60.
GOUVEA, M. C. "A criança e a linguagem entre palavras e coisas". In: *Literatura – Saberes em movimento*. Ceale – Minas Gerais: Autêntica, 2007, p. 111-8.
KISHIMOTO, T. M. "A LDB e as instituições de educação infantil: desafios e perspectivas". *Revista Paulista de Educação Física*, São Paulo, supl. 4, 2001, p. 7-14.
LACERDA, C. B. *Relações do processo de escrita com esferas da atividade simbólica em crianças submetidas ao ensino especial*. 1992. Dissertação (Mestrado em Educação) – Universidade Estadual de Campinas, São Paulo (SP).

LACERDA, C. B. "É preciso falar bem para escrever bem?" In: SMOLKA, A. L.; GÓES, M. C. (orgs.). *A linguagem e o outro no espaço escolar: Vygotsky e a construção do conhecimento.* 12. ed. Campinas: Papirus, 2008, p. 63-98.

LE BOULCH, J. L. "Educação psicomotora: a psicocinética na idade escolar. 2. ed. Porto Alegre: Artes Médicas, 1988.

LEITE, M. I. "A criança desenha ou o desenho criança? A ressignificação da expressão plástica de crianças e a discussão crítica do papel da escrita em seus desenhos". In: OSTETTO, L. E.; LEITE, M. I. *Arte, infância e formação de professores.* 5. ed. Campinas: Papirus, 2004, p. 61-77.

LEONTIEV, A. N. "Os princípios psicológicos da brincadeira pré-escolar". In: VIGOTSKI, L. S.; LURIA, A. R.; LEONTIEV, A. N. *Linguagem, desenvolvimento e aprendizagem.* São Paulo: Ícone, 1992, p. 119-42.

LURIA, A. R. "O desenvolvimento da escrita na criança". In: VIGOTSKII, L. S.; LURIA, A. R.; LEONTIEV, A. N. *Linguagem, desenvolvimento e aprendizagem.* 11. ed. São Paulo: Ícone, 2010, p. 143-89.

MARZANO, M. *Dictionnaire du corps.* Paris: Quadrige/PUF, 2007.

MATESCO, V. "Corpo e subjetividade na arte contemporânea brasileira". In: OLIVEIRA, C.; ROUCHOU, J.; VELLOSO. M. *Corpo – Identidades, memórias e subjetividades.* Rio de Janeiro: Mauad, 2009, p. 93-100.

MENEZES, M. C. B. *Implicações do desenvolvimento cognitivo e afetivo durante o processo de aquisição da leitura e da escrita: contribuições da teoria de Henri Wallon.* Trabalho apresentado no IX Congresso Nacional de Educação – Educere, III Encontro Sul-Brasileiro de Psicopedagogia, PUC-PR, 2009.

MEUR, A.; STAES, L. *Psicomotricidade – Educação e reeducação.* 2. ed. São Paulo: Manole, 1991.

MEYER, D. E. "Gênero e educação: teoria e política". In: LOURO, G. L.; FELIPE, J.; GOELLNËR, J. (orgs.). *Corpo, gênero e sexualidade: um debate contemporâneo na educação.* 2. ed. Petrópolis: Vozes, 2005, p. 9-27.

MUNHOZ, S. C. D. *Processo de alfabetização: análise entre interações família-crianças numa situação estruturada.* 2003. Dissertação (Mestrado em Psicologia) – Universidade de Brasília (DF).

NEGRI, A.; HARDT, M. "A produção biopolítica". In: PARENTE, A. (org.). *Tramas da rede.* Porto Alegre: Sulina, 2004, p. 161-73.

NOVAES, J. V. "Beleza e feiura: regulação social". In: PRIORE, M. D.; AMANTINO, M. (orgs.). *História do corpo no Brasil.* São Paulo: Unesp, 2011, p. 477-506.

OLIVEIRA, G. C. *Psicomotricidade – Educação e reeducação num enfoque psicopedagógico.* Petrópolis: Vozes, 1997.

PINO, A. "O social e o cultural na obra de Lev. S. Vigotski". *Educação & Sociedade,* n. 71, 2000, p. 45-78.

PLATÃO. *Fédon.* Disponível em: <http://www.dominiopublico.gov.br/pesquisa/DetalheObraForm.do?select_action=&co_obra=2261>. Acesso em: 24 fev. 2012.

PRADO, P. D. "Quer brincar comigo? Pesquisa, brincadeira e educação infantil". In: FARIA, A. L.; DEMARTINI, Z.; PRADO, P. D. (orgs.). *Por uma cultura da infância – Metodologias de pesquisa com crianças.* 3. ed. Campinas: Autores Associados, 2009, p. 93-111.

RENNÓ, E. M. *Por uma filosofia encarnada.* 2001. Dissertação (Mestrado em Educação) –Universidade Federal do Rio de Janeiro, Rio de Janeiro (RJ).

ROCHA, M. S. *Não brinco mais: a (des)construção do brincar no cotidiano educacional*. Ijuí: Editora da Unijuí, 2000.

SANT'ANNA, D. B. "É possível realizar uma história do corpo?" In: SOARES, C. L. (org.). *Corpo e história*. 3. ed. Campinas: Autores Associados, 2006, p. 3-23.

SILVA, D. H. N. "Corpo, saúde e educação: aspectos conceituais". In: *Educação, ludicidade e corporeidade; pedagogia*, módulo 4, v. 4 – EAD. Ilhéus: Editus, 2011, p. 11-27.

_____. *Imaginação, criança e escola*. São Paulo: Summus, 2012.

SILVA, D. H. N.; DIAS, M.; ABREU, R. B. *Brincadeira, linguagem e imaginação: modos da criança "ler" e "escrever" sobre o mundo da cultura*. Trabalho escrito para o II Encontro Internacional Linguagem, Cultura e Cognição – Reflexões para o ensino. Belo Horizonte: Faculdade de Educação da UFMG; Campinas: Faculdade de Educação da Unicamp, 2003.

SMITH, V. H. *A construção do sujeito narrador: linguagem, organização do pensamento discursivo e a imaginação*. 2006. Tese (Doutorado em Psicologia) – Universidade Federal do Rio Grande do Sul, Porto Alegre (RS).

SMITH, V. H.; SPERB, T. M. "A construção do sujeito narrador: pensamento discursivo na etapa personalista". *Psicologia em Estudo*, v. 12, n. 3, 2007, p. 553-62.

SMOLKA, A. L. *A criança na fase inicial da escrita: a alfabetização como processo discursivo*. 11. ed. São Paulo: Cortez, 2003.

_____. "A dinâmica discursiva no ato de escrever: relações oralidade-escritura". In: SMOLKA, A. L.; GÓES, M. C. (orgs.). *A linguagem e o outro no espaço escolar: Vygotsky e a construção do conhecimento*. 12. ed. Campinas: Papirus, 2008, p. 33-61.

SOARES, M. "Letramento e alfabetização: as muitas facetas". *Revista Brasileira de Educação*, n. 25, jan.-abr. 2004, p. 5-17.

_____. *Letramento: um tema em três gêneros*. 4. ed. Belo Horizonte: Autêntica, 2010.

SOBRAL, A. *Do dialogismo ao gênero: as bases do pensamento do Círculo de Bakhtin*. São Paulo: Mercado de Letras, 2009.

SOUZA, F. *O corpo dança: con(tra)dições e possibilidades de sujeitos afásicos*. 2001. Dissertação (Mestrado em Educação) – Universidade Estadual de Campinas, São Paulo (SP).

SOUZA, F.; SILVA, D. "O corpo que brinca: recursos simbólicos na brincadeira de crianças surdas". *Psicologia em Estudo*, v. 4, n. 15, 2010, p. 705-12.

TIRIBA, L. "Proposta pedagógica". In: *O corpo na escola. Salto para o futuro* – TV Escola, ano XVIII, boletim 4, 2008.

VIGOTSKI, L. S. *A formação social da mente. O desenvolvimento dos processos psicológicos superiores*. 2. ed. São Paulo: Martins Fontes, 2008.

_____. *A construção do pensamento e da linguagem*. 2. ed. São Paulo: Martins Fontes, 2009.

VILLAÇA, N. "Os imaginários do contemporâneo: representações e simulações". In: OLIVEIRA, C.; ROUCHOU, J.; VELLOSO, M. *Corpo – Identidades, memórias e subjetividades*. Rio de Janeiro: Mauad, 2009, p. 31-39.

WALLON, H. *A evolução psicológica da criança*. São Paulo: Martins Fontes, 2007.

_____. *Do ato ao pensamento: ensaio de psicologia comparada*. Tradução G. A. Titton. Petrópolis: Vozes, 2008.